Jakob Wilhelm Fehrle
Mädchen und Frauen

Jakob Wilhelm Fehrle

Mädchen und Frauen

Museum im Prediger
Schwäbisch Gmünd
4. März – 19. Juni 2005

© Museum im Prediger Schwäbisch Gmünd 2005
Reihe Museum im Prediger
Museumskatalog Nr. 27
www.schwaebisch-gmuend.de
ISBN 3-936988-04-8
✺ Einhorn-Verlag+Druck GmbH

Inhalt

Selbstbildnis, um 1924, Bronze,
Museum im Prediger

Jakob Wilhelm Fehrle im Atelier, um 1924,
Foto Archiv Familie Fehrle-Choms

Vorwort
Gabriele Holthuis

Über das Verhältnis von Künstler und Modell ist in der Kunstgeschichte viel geschrieben worden. Ebenso über den Wandel dieser Symbiose im Verlauf der Jahrhunderte. Bei Jakob Wilhelm Fehrle jedoch scheint die Zeit stehen geblieben zu sein: Im Laufe seines beinahe 90 Jahre währenden Lebens haben sich weder sein künstlerischer Blick noch die kontemplative Körpersprache seiner weiblichen Modelle wesentlich geändert.

Und genau das macht eine heutige Betrachtung dieses weitgehend homogenen Oeuvres so interessant. Gibt sie uns doch die Möglichkeit, den jeweiligen gesellschaftlichen und künstlerischen Kontext, der sich in seinem Werk widerspiegelt, herauszulesen und die vielen Einflussfaktoren zu studieren, denen nicht nur Fehrle ausgesetzt gewesen ist. Überdies reflektiert seine Kunst nahezu das gesamte 20. Jahrhundert, und so bietet die Sicht auf sein Werk nicht zuletzt auch einen Blick auf eine lange Periode der Kunst- und Gesellschaftsgeschichte, die folgenreiche stilistische, ästhetische, politische und wirtschaftliche Umbruchsphasen aufweist. Denken wir etwa an Historismus und Jugendstil, Expressionismus und Kubismus, Kaiserreich, Weimarer Republik und zwei Weltkriege, an Nationalsozialismus und Nachkriegsdemokratie, Rom und Paris, Maillol und Picasso, so sehen wir den jeweils damit einhergehenden Formenwandel im Werk von Fehrle mehr oder weniger deutlich und verarbeitet. Doch haben all diese Veränderungen den Gmünder Künstler von seinem einmal eingeschlagenen Weg, sich dem naturalistischen Bild der weiblichen Figur zu verschreiben, nicht wirklich abbringen können.

Nur einmal wurde er sich selber untreu, und so ist es aus heutiger Sicht umso bedauerlicher, dass ein so begnadeter Künstler wie Jakob Wilhelm Fehrle dem nationalsozialistischen Gedankengut zuarbeiten konnte. Zwar galt er für eine kurze Zeit mit einigen Werken noch im Jahr 1937 als entartet, doch stellen wir rückblickend fest, dass die Hauptschaffenszeit des reifen Fehrle in die Jahre zwischen 1934 und 1945 fällt, und dies mit repräsentativen Auftragsarbeiten für das Deutsche Reich, die bis zu dessen Ende dem mittlerweile über Sechzigjährigen nicht nur großes Lob und publizistische Öffentlichkeit, sondern auch wirtschaftliche Sicherheit einbrachten.

Entsprechend schwierig gestaltete sich Fehrles Neuorientierung nach 1945. Trotz mehrfacher Annäherungen an die abstrakter werdende Moderne sowie sein Versuch, neben den Kommunen auch die Kirche als neuen Auftraggeber für monumentale Arbeiten zu gewinnen, gelang es ihm nicht, an die spannenden Anfänge seines Schaffens in Berlin, München, Rom und Paris, die ersten Erfolge in den zwanziger Jahren und an den nationalen Ruhm vor und während des zweiten Weltkrieges anzuknüpfen.

In den nachfolgenden, ihm noch verbleibenden fast 29 Jahren gab es weder retrospektive Einzelausstellungen noch größere Publikationen über das Werk Jakob Wilhelm Fehrles. Erst nach dem Tode des Bildhauers im Winter 1974 richtete ihm das Museum im Prediger Schwäbisch Gmünd eine kleine Gedächtnisausstellung aus; und von der Buchpublikation Otto Rombachs, erschienen 1966, einmal abgesehen, brauchte es wieder fast drei weitere Jahrzehnte bis zu den Präsentationen und Veröffentlichungen von Andreas Henn (2001) und Edith Neumann (2003), damit aus der gebührenden Distanz heraus eine längst überfällige Würdigung seines Gesamtwerkes zumindest in Ansätzen geleistet werden konnte.

Dass sich nun die aktuelle Ausstellung mit dem Motiv der Mädchen und Frauen dazugesellt, ist eine glückliche Fügung, die wir

Mädchen, um 1930
Gipsmodell, beschädigt
Archiv Familie Fehrle-Choms

allein dem Wohlwollen der Familie Fehrle-Choms zu verdanken haben. Ohne die Kooperationsbereitschaft und die damit verbundenen Leihgaben wären Ausstellung und Katalog nicht realisierbar, und damit auch die Entdeckung von manch Unbekanntem weiterhin dauerhaft verwehrt. Mit Blick auf sein gesamtes Lebenswerk und nicht zuletzt die zahllos vielen Modell stehenden „Mädchen und Frauen" wäre das mehr als bedauerlich. Denn schließlich waren sie es, die Fehrle auf seinem langen Weg durch das 20. Jahrhundert begleitet haben und ihm die für ihn notwendige Kontinuität und Beständigkeit geben konnten.

Geburt der Venus, 1925, Biskuitporzellan,
46,5 cm H, Museum im Prediger

Badende, 1910 (Rom), Öl auf Pappe,
68 cm H, Leihgabe Atelier Fehrle

Drei Frauen in Landschaft,
1915, Linolschnitt, 16,5 cm H,
Museum im Prediger

Badende, 1913,
Öl auf Papier, 39 cm H,
Leihgabe Atelier Fehrle

Badende Mädchen, 1913,
Öl auf Holz,
Leihgabe Atelier Fehrle

Jakob Wilhelm Fehrle: Bildhauer in Schwäbisch Gmünd
Edith Neumann

Der Sohn des Handelsgärtners

Jakob Wilhelm Fehrle wird am 27.11.1884 in Schwäbisch Gmünd geboren als Sohn des Kunst- und Handelsgärtners Israel Jakob Fehrle (1856-1933)[1] und seiner Frau Anna Katharina, geborene Schüz (1850-1923). Seine Eltern geben ihrem Erstgeborenen als Rufnamen stolz den Namen des württembergischen Königs Wilhelms I.

Die Gärtnerei Fehrle ist bereits ein großer, prosperierender Betrieb mit ausgedehntem Grundbesitz in der ganzen Stadt. Das im Jahr 1857 von Johann Friedrich Weiß (geb. 1813) gegründete Unternehmen konnte im Zuge des wirtschaftlichen Aufschwunges nach dem deutsch-französischen Krieg rasch wachsen. Als der Sohn, Wilhelm Gottlob Weiß (1849-1883), nach acht kinderlosen Ehejahren mit der aus Heubach stammenden Anna Katharina stirbt, muss sich die 33-jährige Witwe einen tüchtigen Gärtner für ihr Geschäft suchen.[2] Ihr wird der junge, in Plieningen geborene Schneidermeistersohn Israel Jakob Fehrle empfohlen.[3] Nach nur einem Jahr heiraten die beiden.
Israel Jakob Fehrle baut mit seiner Frau den Gärtnereibetrieb durch weit reichende Handelsbeziehungen und durch die Einführung von Neuzüchtungen aus und begründet damit seinen überregionalen Ruf.[4] Doch erst im Jahr 1889 – nach der Geburt weiterer Kinder – wird dem aus dem pietistisch geprägten Plieningen stammenden und evangelisch getauften Fehrle im streng katholischen Schwäbisch Gmünd das Bürgerrecht erteilt.[5]

Jakob Wilhelm Fehrle wächst mit seinen Geschwistern Alfred Julius (geb. 1885), Ernst (geb. 1888) und Anna Katharina (geb. 1892) unbekümmert im elterlichen Betrieb auf. Mit seiner Schwester, der späteren Kunsthandwerkerin, verbindet ihn ein besonders inniges Verhältnis. Den Gärtnerberuf will der älteste Sohn allerdings nicht ausüben, und so versucht der Vater die künstlerischen Ambitionen seines ältesten Sohnes zu lenken. Um einen ordentlichen bürgerlichen Beruf vorweisen zu können, muss Jakob Wilhelm Fehrle von 1899 bis 1903 eine handwerklich solide Lehre als Ziseleur in der Schwäbisch Gmünder Metallwarenfabrik Erhard & Söhne absolvieren, gleichzeitig besucht er die örtliche Fachschule für Kunstgewerbe.

In einem Manuskript, das Fehrle anlässlich seines 50. Geburtstages im Jahre 1934 verfasst hat, und das gekürzt und inhaltlich überarbeitet als Autobiographie ein halbes Jahr später in der national-konservativen Münchner Kulturzeitschrift „Das Innere Reich"[6] erscheint, schildert er diese Zeit und seine Bekanntschaft mit der neuen Motivwelt des Jugendstil – wie er schreibt – bestehend aus „Schwertlilien, Seerosen und

[1] Stadtarchiv Schwäbisch Gmünd, Familienregister Bd. 7, Blatt 254872. Für Recherchen im Stadtarchiv Schwäbisch Gmünd danke ich herzlich Frau Dr. Monika Boosen.
[2] Gärtnerei Fehrle, in: Theo Zanek: Gmünder Häuser und Geschichten, Bd. II., S. 197ff.
[3] Evangelische Kirchengemeinde Plieningen, Tauf-Register, 1844-1870, Eintrag vom 26.11.1856.
[4] Siehe Anm. 2.
[5] Stadtarchiv Schwäbisch Gmünd, Gemeinderatsprotokoll, 1889-1890, Bürgerliste, Nr. 3103.
[6] Jakob Wilhelm Fehrle: Der Bildhauer J. W. Fehrle über sich selbst, in: Das Innere Reich. Zeitschrift für Dichtung, Kunst und deutsches Leben, hg. von Paul Alverdes und Karl Benno von Mechow, München, 2. Jg., I. Halbjahresband, April - September 1935, S. 287-292, m. Abb. Die Literaturzeitschrift ist erstmals 1934 erschienen. Zu den ersten bildenden Künstlern, die in den Heften 1934 und 1935 porträtiert werden oder über sich selbst schreiben, gehören Fritz von Graevenitz, Jakob Wilhelm Fehrle, Arno Breker und Karl Rössing.

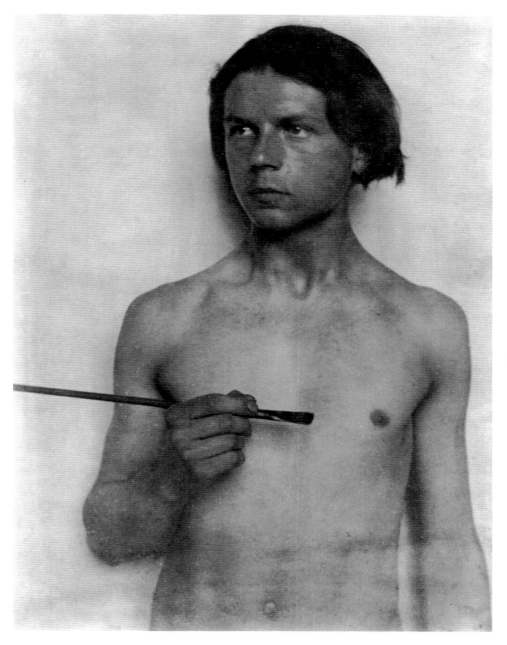

Jakob Wilhelm Fehrle, um 1906/07,
(München ?), Foto Archiv Familie
Fehrle-Choms

Jungfrauen mit endlos flatternden Haaren"[7], als die notwendige Überwindung des Historismus, aber auch als „Ausgeburten einer Zeit, die wahre Orgien an Geschmacklosigkeit feierte"[8]. Fehrle lehnt die kunstgewerblich schnell abgenutzten Sujets des Jugendstils ab, aber er ist auch ganz „erfüllt von dem stolzen Bewusstsein, dass man als Zeitgenosse berufen sei, eine neue Kunstrichtung zu suchen und zu schaffen"[9].

Auf der Suche nach dem neuen Stil:
Berlin – München– Rom – Paris

Dank einer Empfehlung des in Berlin lebenden Schwäbisch Gmünder Bildhauers Wilhelm Widemann bekommt Fehrle 1903 die Gelegenheit, seine Heimatstadt zu verlassen. Erst 11 Jahre später, nachdem er durch alle bedeutenden Kunststädte seiner Zeit gewandert ist, sollte er kriegsbedingt wieder heimkehren.

Bis zu seinem einjährigen Wehrdienst im Jahr 1905[10] lebt Fehrle in Berlin. Er arbeitet im Atelier von Wilhelm Widemann, studiert bei Paul F. Meyerheim und lernt den Tierbildhauer August Gaul kennen, der ihn von allen am meisten zu beeindrucken vermag und der sein Interesse für die Großplastik weckt. Fehrle genießt in Berlin das Großstadtleben und die dortigen Museen, doch die damals entstehenden repräsentativen, neu-barocken Bauten wie etwa der Dom, die Siegesallee oder die Kaiser-Wilhelm-Gedächtniskirche wertet er als Zeugnisse eines „diktatorisch kaiserlichen Geschmacks"[11]. Fehrles Hoffnung, in der Reichshauptstadt Anleitung für eine neue, moderne Kunstrichtung zu finden, erfüllt sich nicht.

Im Jahr 1906 wechselt Fehrle an die Münchner Akademie und arbeitet in der Bildhauerklasse von Balthasar Schmitt. Doch bald langweilt ihn das semesterlange Modellieren nach männlichen Aktmodellen. Er stellt

bereits zu dieser Zeit in Berlin Tierbronzen (Löwen, Adler) aus[12] und erhält eigene Aufträge, die ihn im Herbst 1909 finanziell in die Lage versetzen, seinen Aufenthalt für ein Jahr nach Rom zu verlegen.

In der römischen Hauptstadt arbeitet Fehrle selbstständig im eigenen Atelier. „Anregend war der Verkehr mit Künstlern und die warmen Sommernächte mit viel Chianti"[13], schreibt er rückblickend, und: er spürt in Rom die übermächtige Tradition der römischen Antike und des Barock. Die Entdeckung von Figuren und Köpfen des Schweizer Bildhauers Hermann Haller weisen Fehrle, der sich noch nicht endgültig zwischen der Malerei und der Bildhauerei entschieden hat, den Weg nach Paris. 1910/ 11 muss er sich aber zeitweise wieder in München aufgehalten haben, denn er radiert dort zusammen mit Reinhold Nägele.

In diesen Jahren bekommt Fehrle einen beachtenswerten Auftrag für das Stadttheater in Heilbronn. Der Bau nach Entwürfen des bis 1908 in Stuttgart lehrenden Architekten Theodor Fischer ist von 1902 bis 1908 in Planung und wird im Jahr 1913 eröffnet.[14] Fehrle gestaltet die figürliche Bauplastik der Fenstereinfassungen an der Fassade und entwirft außerdem zwei nackte, weibliche Figuren für das Foyer, die in Paris entstehen[15] und den Einfluss der Plastik von Aristide Maillol zeigen (Abb. re.). Spätestens seit dieser Zeit dürfte sich Fehrle auch in der württembergischen Residenzstadt einen Namen gemacht haben, denn Theodor Fischer und der seit 1905 in Stuttgart lebende Akademieprofessor Adolf Hölzel waren eng befreundet, und die Malereien über den Fehrle-Fenstern an der Heilbronner Theaterfassade stammen von Alfred Heinrich Pellegrini – einem damaligen Hölzel-Schüler.

Fehrle hält sich spätestens ab August 1911 in Paris auf und unterhält dort ein Atelier im Quartier Latin. Er setzt sich intensiv mit der Malerei des Impressionismus auseinander, lernt den Pointillismus kennen sowie das Werk Paul Cézannes; er studiert im „Weltmuseum Louvre" – wie er die damals bedeutendste Kunstsammlung nennt – und er beschäftigt sich sehr intensiv mit der indischen Plastik. „Gestalten und Szenen die uns durchaus weltlich erscheinen, weibliche Wesen, die ihre Reize herausfordernd enthüllen, Darstellungen der Freuden sinnlicher Liebe, die nichts verbergen – alles steht in inniger Beziehung zum religiösen Gedanken. (…) Mit den Gegebenheiten der irdischen Welt wird freier umgesprungen, die irdischen Größen- und Raumverhältnisse verlieren ihre Gültigkeit, anatomische Richtigkeit hat keine Bedeutung mehr"[16], schreibt Fehrle über seine Entdeckungen im Musée Guimet und im Trocadéro. Seine schon bestehende und lebenslange Vorliebe für Plastiken nach weiblichen Aktmodellen dürfte hier eine Bestärkung erfahren haben.

Der bedächtige Schwabe

Fehrle lernt in Paris nicht nur zahlreiche Künstler kennen wie Karl Albiker, Bernhard Hoetger, Georg Kolbe, Edwin Scharff, Aristide Maillol, Wilhelm Lehmbruck, Pablo Picasso und Paul Klee, sondern er erlebt die Entstehung des Kubismus und des italienischen Futurismus aus nächster Nähe. In einer Privat-Akademie nimmt er selbst Kubismus-Unterricht. Fehrle lebt mitten im pulsierenden Zentrum der sich gänzlich neu formierenden Kunstrichtungen des 20. Jahrhunderts und schreibt darüber rückblickend: „Das Bestehende wurde restlos zertrümmert, alles was bisher der Sinn der Kunst war wird verläugnet, die Sinnenwelt und die Wirklichkeit wird vergewaltigt, die Kunst fängt überhaupt erst da an, wo sie mit der Natur nichts mehr zu tun hat. Schön konnte etwas nur sein, wenn es neu war. (…) Die Entwicklung der Kunst scheint das Herannahen der Kriegskatastrofe und eine geistige Zeitwende anzukünden. (…) Mit offenen

[7] Nachlass Fehrle, Jakob Wilhelm Fehrle: Vom Jugendstil zum Expressionismus, unveröffentlichtes, 20-seitiges Manuskript, Rückblick anlässlich seines 50. Geburtstages, o. J., (1934), S. 1. Fehrles Rückblick erscheint zitiert in: Hauptstaatsarchiv Stuttgart, Bestand J 191, Nachlass Selig, M. Gerster: Bildhauer Jakob Wilhelm Fehrle. Zum 50. Geburtstag, Zeitungsartikel vom 24.11.1934.
[8] Siehe Anm. 7.
[9] Siehe Anm. 7.
[10] Fehrle leistet seinen Militärdienst in Schwäbisch Gmünd beim 180. Infanterie-Regiment ab. Nach dem Ersten Weltkrieg stellt er an der „Alten Kaserne" ein Gefallenen-Denkmal für sein Regiment auf, eine trauernde Mutter im Typus einer Madonna.
[11] Siehe Anm. 7, S. 3.
[12] Julius Baum: Jakob Wilhelm Fehrle, in: Die Kunst für Alle, Bd. XXXVIII, Oktober 1922, S. 17.
[13] Siehe Anm. 7, S. 7.
[14] Das Stadttheater in Heilbronn, Leipzig 1913, S. 85-116, Sonderdruck aus: Der Profanbau.
[15] Siehe Anm. 12, S. 20.
[16] Siehe Anm. 7, S. 13.

Muse, 1913, für das Foyer des Stadttheaters Heilbronn, Bronze, 127 cm H, Leihgabe Atelier Fehrle

Aufstellung des Gefallenendenkmals
auf dem Marktplatz Schwäbisch Gmünd
1935, Foto Archiv Museum im Prediger

Gastland. Die grausamen Kriegserlebnisse ernüchtern ihn, und er reflektiert seine Pariser Jahre.

In seiner Kunstauffassung bezieht Fehrle nun Stellung gegen den Expressionismus[19] – wenngleich in seinem Nachlass reichlich plastische Werke und grafische Blätter zu finden sind, die deutlich expressive oder kubistische Züge tragen.

…unbekümmert das Schöne und Gesunde zur Wirklichkeit erhoben

Mit 34 Jahren kehrt Fehrle – erstaunlicherweise, wenn man sein vorangegangenes, unbeschwertes europäisches Weltstadtleben in Betracht zieht – wieder in seine Heimat zurück. Er heiratet 1919 Klara Maria Menrad (1885-1955), die Tochter eines Gmünder Konditormeisters, die er seit seinen Lehrjahren bei Erhard & Söhne kennt. Klara malt bereits seit einigen Jahren, sie ist Autodidaktin und stellt ihre Bilder 1922 erstmals zusammen mit ihrem Mann und mit Reinhold Nägele im Kunsthaus Schaller in Stuttgart aus. Jakob Wilhelm und Klara Fehrle malen mitunter dieselben Motive.

Doch Fehrle hat sich inzwischen für die Bildhauerei entschieden, und er etabliert sich nun in der Provinz. Eine ganze Reihe von Plastiken entsteht, bei denen entweder Maillol oder Lehmbruck als Vorbilder dominieren. 1921 schafft er mit einer „Madonna" und 1922 mit der Verkündigungsgruppe für das Ulmer Museum[20] ganz ungewöhnliche schlanke und bewegte Bildwerke, deren Stil er selbst als „barocke Gotik" beschreibt. In seiner Motivwahl scheint Fehrle auf die Kirche als potentielle Auftraggeberin zu zielen. Als evangelischer Bildhauer in einer überwiegend katholischen Umgebung waren seine Möglichkeiten allerdings recht begrenzt, doch er kann einige Gefallenendenkmäler ausführen, in der Folge auch verschiedene Grabdenkmäler.[21]

Sinnen für das Neue stand ich in der athemlosen Entwicklung – aber vielleicht war ich doch zu sehr bedächtiger Schwabe um mein Schaffen rückhaltlos den neuen Ideen unterzuordnen, für die ich zwar größtes Interesse hatte aber die mich eben doch häufig mit Mistrauen erfüllten."[17] Fehrle erlebt in Paris – ganz hautnah – den Stilpluralismus jener Zeit, und ihm bleibt die Aufgabe, sich darüber klar zu werden, welche Richtung er nun einschlagen soll.

Mit Ausbruch des Ersten Weltkrieges gelingt es Fehrle, Paris eiligst zu verlassen. Seine kleinformatigen Bilder, zumeist „Badende", frei nach Cézanne, bringt er mit, einige plastische Werke bleiben zurück und werden 1915 versteigert. Fehrle zieht nun als Soldat in den Krieg – nicht ohne sich dafür die Kritik seines befreundeten Künstlerkollegen Reinhold Nägele[18] einzuhandeln, und er kämpft an der Westfront gegen sein einstiges

Ebenfalls 1920 erwirbt Fehrle mit Hilfe seines Vermögens aus der aufgeteilten elterlichen Gärtnerei ein altes Fachwerkhaus samt großem Obstgarten im Zeppelinweg 10. 1925 beauftragt er den gleichaltrigen und damals tonangebenden Architekten Paul Schmitthenner mit dem Bau eines Bildhauerateliers auf dem angrenzenden, ausgedehnten Hanggelände über der Stadt. Im Gegenzug ziert Schmitthenners 1922 erbautes Wohnhaus „Die Arche" über dem Eingang eine Engelsfigur aus Beton von Fehrle.[22] Als Traditionalist legt Schmitthenner beim Atelierentwurf Wert auf Heimat- und Materialverbundenheit und lehnt die Avantgarde jener Jahre ab. Fehrles damalige künstlerische Ambitionen zeigen sich am besten an einem Schlüsselwerk, dem 1924 entstandenen Selbstbildnis aus der Sammlung Hugo Borst (Abb. S. 6).

Der Vierzigjährige charakterisiert sich in seinem Bronzeporträt als entschlossen und willensstark. Im Jahr 1992 schreibt Jörg Becker: „Die nur angedeuteten Schläfen und der weitgehend unausgearbeitete Hinterkopf verstärken die frontale Ausrichtung des markanten Kopfes. Die eckig herausgearbeiteten Kiefer- und Wangenknochen, die gerade Nase, die scharf geschnittenen Augenlider und Brauen, vor allem aber die überbetonten Wülste der Stirnmuskulatur sind mustergültige Idealisierungsformeln, die den Künstler zum exemplarischen Willensmenschen stilisieren. In radikaler Weise manifestiert sich die Aussage einer willensbestimmten Verknüpfung von Innen und

Jakob Wilhelm Fehrle im Atelier mit Brunnenfigur für Leonberg-Eltingen, um 1940, Foto Archiv Museum im Prediger

[19] Siehe Anm. 7, S. 18.
[20] Heute befindet sich die Skulpturengruppe im Museum im Prediger Schwäbisch Gmünd.
[21] Ein erstes, bislang noch unvollständiges Verzeichnis von Werken Fehrles findet sich in: Allgemeines Künstlerlexikon, Bd. 37, Verlag K.G. Saur, Leipzig 2003, S. 501f. Zu Fehrles bekanntesten Gefallenendenkmalen zählen diejenigen in Göppingen (Pietà-Motiv), Kirchheim unter Teck, Esslingen (Säule mit Adler), Stuttgart-Bad Cannstatt (Denkmal für die Firma Werner und Pfleiderer) oder Göttingen (Nornen-Brunnen).
[22] Wolfgang Voigt, Hartmut Frank (Hrsg.): Paul Schmitthenner 1884-1972, Tübingen, Berlin 2003, Nr. 22. Nach der Kriegszerstörung der „Arche" wird das erhaltene Fragment, der Engelskopf, über dem Eingang am neuen Haus Schmitthenner in München (1953) angebracht. Schmitthenners Atelierbau für Fehrle, Zeppelinstraße 4, ist trotz einiger späterer baulicher Veränderungen als Kulturdenkmal ausgewiesen.

[17] Siehe Anm. 7, S. 15-16.
[18] Nachlass Fehrle, Brief Reinhold Nägele an Jakob Wilhelm Fehrle vom 3.11.1917. Für diesen Hinweis danke ich Frau Dr. Eva-Marina Froitzheim. Eine Dokumentation der Freundschaft Fehrle-Nägele findet sich in: Reinhold Nägele (1884-1972). Werkschau zum 120. Geburtstag. Ausst. Katalog Städtische Galerie Böblingen, Böblingen 2005.

Außen in der allein durch ausgesparte Kanäle angezeigten Iris der Augen."[23] Ein Vergleich mit zeitgleichen Fotos des in allen Jahren stets jugendlich wirkenden Fehrle, macht die gewollte Zuspitzung ins Heroische im Ausdruck sichtbar (Abb. S. 7).

Die 1920er Jahre sind ein ganz wichtiger Zeitabschnitt für Fehrle, in dem er künstlerisch neu Position bezieht: er baut nun u. a. seine Kontakte zu Künstlern und zur Kunstszene der Landeshauptstadt aus. 1923 ist er Gründungsmitglied der „Stuttgarter Sezession" unter der Führung von Heinrich Altherr, einer Organisation, die sich zwar – ohne programmatische Ansprüche – für die junge Kunst einsetzen will, dabei aber figürliche Kompositionen und Bildwerke bevorzugt gegenüber Werken mit abstrakten Tendenzen von Künstlern aus der Hölzel-Schule. Jakob Wilhelm Fehrle und Alfred Lörcher sind als die einzigen Bildhauer auch Jurymitglieder der ersten Ausstellungen der Vereinigung.[24]

An den Ereignissen des Stuttgarter Kultursommers im Jahr 1924 zeigt sich das geistige Klima der Stadt: Während die Ausstellung der „Stuttgarter Sezession" Anerkennung erhält, wird die „Neue Deutsche Kunst" des Stuttgarter Galeriedirektors Dr. Otto Fischer – ein sehr gelungener Querschnitt der deutschen Gegenwartskunst – von völkisch-nationalen Kreisen als zu modern und zu wenig deutsch kritisiert. 1925 wird Fischer sogar seines Amtes enthoben.[25]

Fehrles Ruf festigt sich, er gilt als ein „Meister sensibler Geistigkeit"[26] im Kreis der viel beachteten Stuttgarter Sezession. In der „Gmünder Kunst der Gegenwart" von 1924 wird er von Hermann Erhard als großer Plastiker charakterisiert, „der die Bewegung des ruhenden Körpers darstellt"[27], und Erich Dürr betont Fehrles Natürlichkeit und seine Art, „unbekümmert das Schöne und Gesunde zur Wirklichkeit" zu erheben.[28]

Mutter mit Kind, um 1941/44, Bronze, Foto Archiv Museum im Prediger

In Schwäbisch Gmünd unterrichtet Fehrle von 1927 bis 1929 an der Höheren Fachschule, wo er 1928 zum Professor ernannt wird. Ein Jahr später entwirft er für die Stadt Schwenningen den so genannten Kienzlebrunnen mit einer Jünglingsfigur, die den Neckar darstellt.[29] Kniend und mit einer erhobenen Hand ist der Flussgott in der Geste griechischer Frömmigkeit dargestellt. In dieser Plastik zeigt sich schon deutlich Fehrles neuer Stil für den öffentlichen Raum, wie er in den nächsten Jahrzehnten zutage tritt.

Akte, Tiere und Porträts

In den 1930er Jahren arbeitet Fehrle sehr erfolgreich. Seine Werke werden von dem Privatsammler und Mäzen Hugo Borst in

Tänzerin, 1941/43, Bronze, ca. 190 cm H,
Foto Inge Schlenker

Flötenspieler, 1941, Bronze, 195 cm H,
Foto Inge Schlenker

Stuttgart angekauft und ab 1931 im Haus „Sonnenhalde" zusammen mit Plastiken von Haller, Maillol und Lehmbruck ausgestellt.[30] Er hat Porträtaufträge.[31] Im Jahr 1938 erscheint die Publikation „Köpfe" aus der Sammlung Borst,[32] in der die Hälfte der 12 veröffentlichten Porträts von Fehrle stammt.

[23] Jörg Becker: Selbstbildnisse aus der Sammlung Hugo Borst, Stuttgart 1992, S. 32. Bereits Wolfgang Pfleiderer hat 1938 Fehrles Selbstbildnis ausführlich beschrieben und dabei die „stählerne, sprungbereite Gespanntheit des Willen" erkannt, in dem sich „ein seelischer Bezirk öffnet, von dem die Gesichtszüge nichts ahnen lassen. So mag das Geheimnis der Jugend in einem seelischen Dualismus liegen, zu dem sich die künstlerische Gestaltung in schöner Ehrlichkeit offen bekennt."Vgl. Köpfe. Aus der Sammlung von Hugo und Martha Borst in Stuttgart, Stuttgart 1938, o. S.

[24] Stuttgarter Sezession. Ausstellungen 1923-1932,

1947, hg. von der Städtischen Galerie Böblingen und der Galerie Schlichtenmaier Grafenau, Böblingen, Grafenau 1987, S. 37.

[25] Siehe Anm. 24, S. 20.

[26] Siehe Anm. 24, S. 46.

[27] Hermann Erhard: Jakob Wilhelm Fehrle, in: Walter Klein: Gmünder Kunst, Bd. IV, Gmünder Kunst der Gegenwart, Stuttgart 1924, S. 18.

[28] Erich Dürr: Wilhelm Fehrle - Gmünd, in: Das Kunstblatt, 1927, S. 54.

[29] Hermann Erhard: Kunst an Schwenninger Zweckbauten. Der Kienzlebrunnen, in: Heimatblätter vom oberen Neckar, Februar 1929.

[30] Sammlung Hugo Borst. Neue Kunst in Stuttgarter Privatbesitz, Stuttgart 1931.

[31] Einen Teil seiner Porträtplastik stellt Fehrle 1936 im Kunsthaus Schaller in Stuttgart aus, darunter die Köpfe von Hindenburg, Hugo Borst, einen Apostelkopf, mehrere Frauenbildnisse, das Porträt seines Vaters, einen Christuskopf und ein Bildnis des Fürsten Ernst von Hohenlohe-Langenburg. Vgl. Remszeitung vom 18. März 1936.

[32] Köpfe. Aus der Sammlung von Hugo und Martha Borst in Stuttgart, Stuttgart 1938.

Im Jahr 1937 werden Werke Fehrles aus der Stuttgarter Staatsgalerie und aus dem Museum der Stadt Ulm beschlagnahmt und als entartet nach Berlin gesandt[33] – ein bemerkenswerter Umstand, da zu diesem Zeitpunkt Fehrle längst öffentliche Aufträge ganz im Sinne der neuen Machthaber ausgeführt hat: 1934 entsteht das SA-Freiheitskämpfer-Denkmal in Konstanz[34], ein Relief mit der Darstellung des Erzengel Michael mit erhobenem Flammenschwert im Triumpf über dem Satan in Gestalt der Schlange, neben ihm ein Hakenkreuz; seit 1935 wird der Schwäbisch Gmünder Marktplatz von Fehrles Gefallenendenkmal dominiert: eine neun Meter hohe, figurenbesetzte Bronze-Säule, bekrönt von einem Hakenkreuz samt Reichsadler, ein klassisches Trajansäulen-Zitat mit umlaufenden Reliefs (Abb. S. 18).[35] Im selben Jahr bekommt er den Auftrag für eine Führer-Büste von Adolf Hitler für die Universität Tübingen.[36] Die politische Wende in Deutschland und das Repräsentationsbedürfnis der Nationalsozialisten eröffnen Fehrle die Möglichkeit für monumentale, bildhauerische Aufgaben. Er wird nun der Großplastiker, als den ihn Wilhelm Widemann, wie Fehrle im Rückblick schreibt, erkannt hatte.[37]

1939 stellt Fehrle den Kopf einer „Ophelia", einen weiblichen Torso und eine große Bronzeplastik „Haarflechterin" im Haus der Deutschen Kunst in München aus. Dort erwirbt der Reichsminister des Auswärtigen Amtes, Joachim von Ribbentrop, die „Ophelia" für sein Haus – ein Ereignis, das man in der Gmünder Stadtzeitung feiert.[38] Fehrle wird nun auch in den Berliner Kreisen bekannt. 1941 folgt die lebensgroße Bronzestatue einer „Speerwerferin", die in den Ausstellungsräumen im Höhenpark auf dem Killesberg in Stuttgart zu sehen ist, und, wie es anerkennend heißt, den „gesunden, sportlich gestählten Leib" symbolisiert.[39] Im gleichen Jahr zeigt Fehrle weitere Großplastiken in der Großen Deutschen Kunstausstellung in München: eine „Diana" (Abb.

S. 65) und eine „Göttin des Frühlings", die wiederum von Ribbentrop für den Garten des Neubaus des Reichsaußenministeriums in Berlin angekauft wird.[40]

Nach einer Italienreise im Jahr 1941 stellt Fehrle 1942 seine Plastik „Junge Frau aus der Toskana" in der Preußischen Akademie der Künste in Berlin aus. Zu dieser Halbfigur, die das „Ewig Weibliche" darstellen soll, meldet die Gmünder Stadtzeitung stolz: „Mit dieser Plastik (…) hat die Reichshauptstadt ein neues überzeugendes Beispiel der großen Kunst Jakob Wilhelm

[33] Beim Bestand der Staatsgalerie Stuttgart handelt es sich um das „Stehende Mädchen" von 1931. Ursprünglich hatte die Staatsgalerie Fehrles „Mädchen" von 1928 angekauft; 1932 wurde sie gegen die Plastik von 1931 ausgetauscht. Vgl. Karin von Maur, in: Bildzyklen. Zeugnisse verfemter Kunst in Deutschland 1933-1945, hg. von der Staatsgalerie Stuttgart, Stuttgart 1987, S. D 36. Günter Wirth nennt außerdem noch einen „Frauenkopf" und das Porträt des Architekten Hans Herkommer. Vgl. Günter Wirth: Verbotene Kunst. Verfolgte Künstler im deutschen Südwesten, Stuttgart 1987, S. 259. Aus dem Museum der Stadt Ulm wird eine 1932 entstandene Ansicht von Gmünd von Klara Fehrle entfernt, außerdem sind unter dem Namen „W. Fehle" drei Arbeiten auf Papier: „Frauen im Walde", „Liegender Akt nach links" und „Liegender Akt nach rechts" als beschlagnahmt genannt. Vgl. Stadtarchiv Ulm B 322/20 Nr. 16, Beschlagnahmeliste des Ulmer Museums und Wirth 1987, S. 278.

[34] Schwäbisch Gmünd, Museum im Prediger, Fotodokumentation. In Konstanz war Fehrle bereits seit 1928 durch seine mehrfigurige Darstellung der „Heiligen Familie" auf dem Münsterplatz bekannt.

[35] Den Gefallenen zur Ehre, in: Rems-Zeitung vom 9. November 1935 und Nächtliche Weihestunde, in: Rems-Zeitung vom 11. November 1935. 1948 ersetzt Fehrle das Hakenkreuz und den Adler durch einen Engel.

[36] Göppingen unterm Hakenkreuz, hg. vom Stadtarchiv Göppingen, Göppingen 1994, S. 115. Ein weiteres Führer-Porträt wird 1940 für das Heeres-Archiv in Stuttgart angekauft und dort anläßlich des Sieges in der Flandern-Schlacht aufgestellt. Vgl. Eine Führer-Büste von Fehrle im Heeres-Archiv, in: Schwäbische Rundschau vom 8.6.1940.

Jakob Wilhelm Fehrle im Atelier, um
1940, Foto Archiv Familie Fehrle-Choms

[37] Siehe Anm. 7, S. 2.

[38] Gmünd in München, in: Schwäbische Rundschau
vom August 1939. Der Kontakt von Fehrle zu Joachim von Ribbentrop kommt durch Anneliese Henkell
zustande, eine alte Freundin Fehrles, die seit 1920 mit
Ribbentrop verheiratet ist, der 1938 zum Reichsau-
ßenminister berufen wird.

[39] Professor J.W. Fehrles Speerwerferin auf dem Killesberg, in: Schwäbische Rundschau vom 5. Juni 1941,
und: Die Speerwerferin auf dem Killesberg, in: Schwäbische Rundschau vom 14. Juni 1941.

[40] Fehrles Groß-Plastiken in der Deutschen Kunstausstellung, in: Schwäbische Rundschau 30. August 1941.
In Ribbentrop'schen Privatbesitz ist auch eine Mar-
morbüste eines „Schwarzwaldmädel" von 1941. Vgl.
Über neuere Bildhauerei in Schwaben. Beseelte Plastik,
in: Das Bild, Heft 4, 1943, S. 49.

Fehrles vor Augen, das dazu beitragen wird, die hohe Anerkennung, die er sich dort bereits errungen hat, zu vertiefen."[41]

Im Jahr 1942 erwirbt Oberbürgermeister Karl Ströhlin die Großplastik „Aphrodite" (1941) für die Kunstsammlungen der Stadt Stuttgart, sie wird im Stuttgarter Schauspielhaus aufgestellt und später im Krieg zerstört; Fehrles „Amazone" (1940) wird vom Amtskollegen der Stadt Potsdam gekauft.[42] Eine Fotodokumentation aus den Jahren 1935 bis 1945, die für das Museum im Prediger erstellt wurde, dokumentiert weitere Arbeiten von ihm, die, wie beispielsweise die Bronzeplastik einer „Mutter, die ihr Kind empor hält" (Abb. S. 20), zeigen, wie sehr Fehrle in seinem Werk die Kunstideologie der Nationalsozialisten verinnerlicht hat. Die Rolle der Frau ist in den NS-Jahren in Bezug auf Erotik, Anmut, Hingabe und Mutterschaft klar definiert. Fehrle kann diese mit vielen seiner Figuren vertreten.

Persönlich unternimmt Fehrle in diesen Jahren ein ganze Reihe von Studienreisen: 1932, 1934, 1936, 1941 ist er jeweils für mehrere Wochen in Italien, 1929, 1937, 1942 und 1943 hält er sich trotz des Kriegszustandes in Frankreich bzw. in Paris auf. Er arbeitet sichtlich an seinem Werk und studiert u. a. die Werke Michelangelos und die der griechischen Antike an den klassischen Bildungsstätten in Italien und in den Pariser Museen, wie viele seiner Plastiken unschwer zeigen, besonders deutlich beim „Flötenspieler" (1941) (Abb. S. 21), bei einem Jüngling (1943) oder beim Flachrelief „Eos" (1945).

Seinen zweifellos größten Erfolg feiert Fehrle in den Jahren 1943 und 1944. Bei der 7. Großen Deutschen Kunstausstellung in München werden sowohl sein „Bauer", ein nackter Jüngling mit Ähren, als auch sein „Hüter", ebenfalls nackt und mit einem Schwert bewaffnet, als Abgüsse für das Schloss in Posen bestellt, in dem die dortige Gauleitung untergebracht ist.[43] Wenig später wird in einem längeren Bericht von Hermann Erhard aus Anlass von Fehrles 60. Geburtstag seine Arbeit für Berlin ausführlich gewürdigt.

Der Bildhauer ist 1944 im Auftrag von Ribbentrop mit der Ausstattung von dessen Amtssitz beschäftigt: „Fehrle wurde an Stellen zur Mitarbeit herangeholt, wo die Größe der Aufgaben durch die Vertretung des Reichsgedankens ihre tiefste Rechtfertigung empfing. Wenn ihm der plastische Schmuck eines Festsaales des Reichsaußenministeriums übertragen wurde, so galt es nicht, einen beliebigen schönen Saal schön zu schmücken (an sich schon eine seltene und große Aufgabe!), sondern an so weithin sichtbarer Stelle der deutschen Kunst Ehre zu machen",[44] schreibt Erhard. Auch den Garten des Ministeriums zieren inzwischen zwei monumentale, liegende Frauengestalten Fehrles: „Morgen" und „Abend" von 1941. Erhard nennt in seinem Geburtstagsbericht auch die Figur einer „Aphrodite", die als Reichsgeschenk vom Auswärtigen Amt verwendet wird.[45]

Fehrle ist hier auf dem Höhepunkt seines künstlerischen Erfolges als Bildhauer angelangt. Darüber hinaus ist er auch finanziell gut versorgt, wie sich aus seinen Angaben im Entnazifizierungsbogen von 1946 zeigt. Sein Einkommen wächst stetig von 4 000 Reichsmark im Jahr 1931 auf 35 000 Reichsmark im Jahr seines Berliner Auftrages.[46]

Genießen kann Fehrle seine Leistungen aber wohl kaum, denn mit dem Zusammenbruch des Dritten Reiches endet auch die NS-Kunstpolitik, und damit ändert sich der Blick auf seine Plastiken und deren ideologische Ausrichtung. Auch gegenüber den vielen Künstlerkollegen, die durch die Ausgrenzung als „entartet" oder durch Berufsverbote jahrelang in ihrer Kunstausübung behindert sind, muss er längst einen tiefen Zwiespalt spüren.

Fehrle selbst bekommt, kurz vor Ende des Zweiten Weltkrieges, die grausame, menschenverachtende Seite der Nazis zu spüren, als er seine Frau, die Malerin Klara Fehrle, die seit den 1930er Jahren unter einer psychischen Erkrankung leidet, aus der Heilanstalt Christophsbad in Göppingen holen muss, um sie vor der drohenden Euthanasie zu schützen.[47]

Neue Leitbilder: Die Zeit nach 1945

Nach dem Ende des Krieges bemüht sich Fehrle wieder um seine Kontakte in Stuttgart. Er wird Mitglied im Verband bildender Künstler Württemberg – eine Notwendigkeit – da die ersten Materialzuteilungen für Künstler über diesen Berufsverband möglich waren.[48] An der ersten Ausstellung der Stuttgarter Sezession im Oktober 1947 im Haus „Sonnenhalde" von Hugo Borst nimmt er mit einer Bronzebüste von Reinhold

[41] Junge Frau aus der Toscana, in: Schwäbische Rundschau vom 27. Juni 1942.

[42] Fehrles Kunstwerke in den Städten Stuttgart und Potsdam begehrt, in: Schwäbische Rundschau vom 28. August 1942.

[43] Schwäbische Rundschau vom 1. Februar 1944, zitiert nach einem Bericht in der „Pariser Zeitung", einem Organ, das von 1941 bis 1944 im besetzten Frankreich erschienen ist, und: Das Werk aus Schwaben. Bericht von der siebten Großen Deutschen Kunstausstellung 1943 in München, o. J. (1943).

[44] Hermann Erhard: Die neueren Arbeiten des jetzt sechzigjährigen Jakob Wilhelm Fehrle, in: Schwäbische Rundschau vom 25. November 1944. Im Jahr 1944 arbeitet Fehrle auch für Heilbronn, für das Blaeß'sche Palais, den Sitz der Kreisleitung, entsteht ein Relief mit einer Darstellung des Götz von Berlichingen in der Szene seines bekannten Ausspruches. Der Großkaufmann Gustav Lichdi stiftet Fehrles Mondgöttin „Selene" der Stadtverwaltung für dasselbe Gebäude. Vgl. Schwäbische Rundschau vom 15. April 1944.

[45] Ebenda. Die Figur der „Aphrodite" wurde vermutlich von Fehrle in verschiedenen Größen hergestellt, denn beim „Reichsgeschenk" dürfte es sich um keine großformatige Plastik gehandelt haben. Eine Übersicht

über Fehrles Großplastiken findet sich auch in: Mortimer G. Davidson: Kunst in Deutschland 1933-1945, Bd. 1, Skulpturen, Tübingen 1992, S. 438. Fehrle-Plastiken der Zeit finden sich noch als Motive im aktuellen Kunstpostkartenhandel im Internet.

[46] Hauptstaatsarchiv Stuttgart, Bestand Q3/39b Bü 312, Akten des Verbandes bildender Künstler Württemberg, Fragebogen zur Entnazifizierung des Military Government of Germany vom 15.2.1946: Fehrle gibt im Fragebogen außerdem an, dass er in den letzten Kriegsmonaten von November 1944 bis April 1945 als Rüstungsarbeiter bei den Schwäbischen Zahnradwerken in Gmünd tätig war. Er nennt seine Mitgliedschaft im NSFK, dem NS-Fliegerkorps, als Förderer von 1943 und 1944 sowie seine Mitgliedschaft im NSV, der NS-Volkswohlfahrt. Wie alle tätigen Künstler war Fehrle von 1933 bis 1945 Mitglied der Reichskammer der bildenden Künste.

[47] Klara Fehrle ist vom 19. Oktober 1944 bis 30. Januar 1945 in der Göppinger Heilanstalt untergebracht. Fehrle erwirkt dort ihre Entlassung „auf eigene Verantwortung", weil er ihren Abtransport befürchten muss. Das Christophsbad ist von 1939-41 von den so genannten T4-Aktionen, dem Euthanasie-Programm für Geisteskranke und behinderte Kinder und Erwachsene der Nazis betroffen und nimmt aber ab 1942 weiterhin Zwangsverlegungen vor. Nach einem weiteren Aufenthalt in der Psychiatrischen Klinik Rottenmünster vom 9. Juli bis 5. Oktober 1945 wird Klara Fehrle „nach Besserung entlassen" und lebt bis zu ihrem Tod 1955 wieder bei ihrem Mann. Vgl. Nachlass Fehrle, Auskunft der Familie.
An dieser Stelle möchte ich ganz besonders Frau Cornelia Fehrle-Choms, der Tochter des Bildhauers, und ihrem Mann Herrn Dr. Andreas Choms für die Auskünfte und Materialien zu diesem Beitrag danken.

[48] Seine Aufnahme im Verband erfolgt mit Verzögerung, da ihm eine Mitgliedschaft in der Partei der NSDAP zur Last gelegt wird. Mit Hilfe einer beglaubigten Abschrift seines Spruchkammerbescheides kann Fehrle diesen Vorwurf ausräumen. Vgl. Hauptstaatsarchiv Stuttgart, Bestand Q3/39b Bü 312, Schriftverkehr vom 25.11.1946 und 13.12.1946.

Nägele (1927) teil, des Freundes aus seiner Studienzeit, der im Jahre 1939 Deutschland zusammen mit seiner jüdischen Frau und seinen drei Kindern verlassen musste, und der, wenig glücklich, in Amerika lebt.[49]

Ebenfalls 1947 scheint sich Fehrle selbst sehr intensiv mit seinem bisherigen Leben zu beschäftigen: Es entsteht ein Selbstbildnis, das ihn, bedingt durch eine vorangegangene Nervenlähmung, mit zwei unterschiedlichen Gesichtshälften zeigt (Abb. S. 68). Der über viele Jahrzehnte jugendlich wirkende Fehrle erscheint erstmals von Alter, Krankheit und Sorgen gezeichnet. Er zeigt sich ungeschönt, gebrochen und abgehärmt. Ein Bildnis der kritischen Selbstreflexion, aber auch mit einer Spur von Selbstinszenierung als „Ecce homo" – ein Sühnezeichen? vielleicht – jedenfalls nicht mehr der Großplastiker.

Fehrle arbeitet nun, und auch dies gehört zu seinem Neubeginn, mit dem ihm lange Jahre bekannten Eugen Schopf seine bisherige künstlerische Karriere auf. Schopf schätzt den Bildhauer, denn „Fehrle ist nur Künstler, kein streitbarer Vorkämpfer, (…) seine Werke sind von kultiviertestem Sinnengeschmack, reiner Gesinnung und meisterhafter, handwerklicher Tüchtigkeit." Er beschreibt Fehrle als anpassungsfähig und aufgeschlossen – vor dem Hintergrund der kaum verstrichenen NS-Jahre lesen sich Schopfs Parolen allerdings eher als plumpe Rehabilitationsversuche.[50] In der Bildauswahl für den Katalog der Werke verfährt der Bildhauer ganz aufrichtig, er zeigt nach seinem Ecce homo-Selbstporträt eine Auswahl seiner Plastiken von 1914 bis 1947, die ihm in künstlerischer Hinsicht als die wichtigsten und sicherlich auch besten erscheinen. Dieser Rückblick zählt, zusammen mit Fehrles Autobiographie von 1935, zu seinen wichtigsten Selbstdarstellungen.

In den nächsten Jahrzehnten bemüht sich Fehrle an die entstehende Nachkriegsmoderne anzuknüpfen. Er folgt dem künstlerischen Credo der Abstraktion und führt neben zahlreichen figürlichen Einzelplastiken eine Vielzahl von Skulpturen und Aufträge für den öffentlichen Raum aus. Die Kirche wird wieder sein erster Auftraggeber (Verkündigung, 1946, Heilig-Kreuz-Münster u.a.), gefolgt von Werken für Friedhöfe, Parkanlagen, Schulen oder Firmen, wie etwa eine „Fortuna" (1953) für die Fortuna-Werke in Stuttgart, „Die eilende Zeit" (1954) für die Firma Kienzle in Villingen-Schwenningen, die „Woge" (1955) für den Asta der Universität Tübingen, der „Reigen" (1956) für das Hans-Baldung-Gymnasium in Schwäbisch Gmünd, eine Brunnenfigur (1956) für den Postplatz in Heubach, ein Mahnmal (1957) für Aalen, einen „Hengst" für die Parksiedlung Nellingen (1959) oder eine „Artemisia"(1963) für die Ärztekammer in Stuttgart.[51]

In diesen Arbeiten und auch in vielen seiner Frauendarstellungen erreicht Fehrle nur selten die Aussagekraft seiner früheren Jahre. Einmal kann Fehrle an seine monumentalen Werke anknüpfen, denn er liefert eine Reihe von Plastiken für die ausgedehnten Gartenanlagen der riesigen Wohnsiedlung Borstei in München, die dort von dem Architekten Bernhard Borst in den Jahren 1924 bis 1929 errichtet wurde: aufgestellt werden „Abend" (1944/54), „Morgen" (1944/54), zwei Hochreliefs (1954), ein „Christophorus" (1958) und ein Brunnen mit dem „Urteil des Paris" (1960).[52]

In persönlicher Hinsicht geht es dem Bildhauer sehr gut, er heiratet 1955 ein zweites Mal, nachdem er im hohen Alter von 68 Jahren erstmals Vater geworden ist.[53] Anlässlich seines 70. Geburtstages 1954 bekommt Fehrle das Bundesverdienstkreuz verliehen,[54] 1963 fertigt er das Porträt des ehemaligen Bundespräsidenten Theodor Heuss. In seinem Werk entfernt er sich zuletzt ganz vom Gegenstand und versucht sich mit abstrakten Konstruktionen. Zwei Jahre vor seinem Tod, 1972, realisiert er seinen letzten

Auftrag: eine abstrakte Skulptur für den Gmünder Stadtteil Bargau.

Jakob Wilhelm Fehrle hat in seinem langen Leben nahezu alle Kunstströmungen des 20. Jahrhunderts an seiner Konstanten – dem weiblichen Aktmodell – reflektiert. Die Ambitionen des Großplastikers verknüpfen sich unübersehbar mit den Jahren der NS-Diktatur – eine bislang wenig beachtete Facette in der Rezeption der Kunst des Schwäbisch Gmünder Bildhauers.

[49] Bei der Neugründung der „Stuttgarter Sezession" gilt als Aufnahmebedingung die Mitgliedschaft im Verband bildender Künstler Württemberg und damit die erfolgte Entnazifizierung. Fritz Steisslinger und Paul Kälberer vertreten die Ansicht, dass diejenigen, „die ihre Kunst in den Dienst der Propagierung oder Verherrlichung der Ideologien oder prominenter Personen des Nationalsozialismus gestellt haben, nach dem Grad ihrer Belastung eine Wartezeit oder Ablehnung erhalten sollen". Nach dieser verschärften Bedingung hätte Fehrle wohl kaum eine Chance gehabt, wieder mit der Sezession auszustellen. Doch Steisslinger kann sich nicht durchsetzen und tritt deshalb im September 1947 vom Vorsitz zurück. Siehe Anm. 24, S. 99f.

[50] Eugen Schopf: Jakob Wilhelm Fehrle, Stuttgart 1947, Einführung.

[51] Otto Rombach: J. W. Fehrle das Werk des Bildhauers, Stuttgart 1966.

[52] Kunst in der Borstei, Faltblatt, hg. von Gertraud Line-Borst, München 2000.

[53] Fehrles zweite Ehefrau, Emma Lisette Margret, geb. Monstadt (1923-2001), kam 1947 nach Schwäbisch Gmünd, um das Goldschmiedehandwerk zu erlernen. Von 1947 bis zu ihrer Gesellenprüfung im Jahr 1950 besuchte sie die Staatliche höhere Fachschule für Edelmetallindustrie und Meisterschule für das Goldschmiedhandwerk. Danach arbeitete sie von 1950 bis 1951 bei der Firma Trumpf in Weilimdorf in ihrem ersten Beruf als technische Zeichnerin.

[54] Hauptstaatsarchiv Stuttgart, Bestand J 191, Zeitungsartikel vom 30.11.1954.

Jakob Wilhelm Fehrle im Atelier, um 1970, Foto Archiv Familie Fehrle-Choms

Jakob Wilhelm Fehrle im Atelier,
um 1955, Foto Julius Weltmann,
Archiv Familie Fehrle-Choms

Mädchen und Frauen
Albrecht Vogel

Die in dieser Ausstellung zusammengetragenen Plastiken sind nur einem Motiv gewidmet, keine beliebige Auswahl, machen doch die Mädchen- und Frauenfiguren den Hauptteil des heute präsenten Werkes von Jakob Wilhelm Fehrle aus, das außerdem aus Porträtköpfen, religiösen Figuren, Figurengruppen, Reliefs und Tierplastiken besteht. Die Ausstellung regt an, Fehrles künstlerische Auffassung nachzuvollziehen und stellt uns vor die Aufgabe, uns unserer Position dazu klar zu werden.

Jakob Wilhelm Fehrle durchläuft seine Lehr- und Studienzeit noch vor dem 1. Weltkrieg an den Akademien in Berlin (1903-1905) und München (1906-1908), ist 1909/10 in Rom und schließt daran einen vierjährigen Aufenthalt in Paris. Ob Ganzfigur, Stehende, Torso, es sind überwiegend Einzelfiguren, die als allansichtige Plastiken geschaffen werden; Sitzende, Lagernde und Figurengruppen sind in Fehrles Werk seltener.
Jakob Wilhelm Fehrle bevorzugt als Motive Frauen und Mädchen, unabhängig davon, welchem Thema er sich widmet. Engel oder Heilige, symbolische oder allegorische Figur, Porträt oder Studie, alle diese Themen bewältigt er am Motiv Frauenkörper und Frauenkopf.

Das veranlasst zu näherem Blick auf diesen schmalen Motivkanon, auf diese auffällige Einschränkung. Keineswegs soll damit das andere Werk Fehrles unbeachtet bleiben, allein, diesmal sind weibliche Figuren versammelt.
Die Skala dieser weiblichen Figuren reicht vom „Jungen Mädchen" (Abb. links) bis zur reifen Frau (Abb. S. 51). Allen ist eher Verhaltenheit eigen; seltener präsentieren

Junges Mädchen, 1930, Bronze,
124 cm H, Leihgabe Familie Maier

sie ihre Reize in demonstrativer Geste wie im Beispiel der „Louise". In der Figur „Louise" (Abb. S. 52), einem frühen Werk aus dem Jahre 1912, bearbeitet Fehrle eine ausdrücklich sinnliche Geste und geht für seine Verhältnisse damit weit über die sonst verhalten gesammelten Stimmungen seiner Frauenfiguren hinaus.

Nicht nur die gestische Dimension ist in den meisten Fällen verhalten, sondern auch die Art der plastischen Ausformung. Die Gliedmaßen der Figuren sind häufig in eher knapp formulierten Volumina gebildet, oder, um es an einem Beispiel zu verdeutlichen, am Schenkel interessiert kaum die Lage der einzelnen Muskeln, sondern das verallgemeinerte Volumen dieses Körperteils.
Dennoch kommt kein Zweifel an seinen anatomischen Kenntnissen auf, denn der Mensch in seiner Gestalt ist ihm immer der Maßstab, dem er unter Befolgen des traditionellen Kanons der Körperbildung verpflichtet bleibt.

Die Frauenfiguren wirken auf mich durchaus sinnlich, aber kaum erotisch oder erotisierend, denn der „Eros tritt nicht in den Vordergrund"[1]. Das Sinnliche wird transportiert durch eine häufig eher idealtypische Auffassung, das heißt, dass die Körperteile als Volumen mit wenig Binnengliederung zusammengefasst und in der Grundzuordnung anatomisch richtig angeordnet sind. Diese Art und Weise, beobachtete Körper in plastische Formen zu übersetzen, gibt vielen seiner Frauenfiguren etwas Allgemeines, und ich meine damit das formale Allgemein-Menschliche, ohne eigentlich individuell zu werden.

Zu dieser Zurückhaltung verhelfen auch jene Posen der Frauenfiguren, die weniger

[1] Otto Rombach: J. W. Fehrle, Stuttgart 1966, S. 16.

Junges Mädchen, 1933, Bronze, 122 cm H, Leihgabe Atelier Fehrle

nach außen gehen, nur selten keck sind, sondern eine Beschäftigung mit sich selbst darstellen – „sie wenden sich vom Getriebe der Welt ab"[2]; Körper- und Handgesten, die sich dem Betrachter zuwenden, finden wir selten, und auch der Blick der Figuren bleibt häufig gesenkt, sucht nicht den Kontakt mit dem Betrachter.

Bisweilen wirken die Frauen auf mich ein wenig geniert, sie tun, als wären sie leise überrascht worden, wenngleich sie darüber keine Reaktion zeigen. Die Haltungen der Frauen erscheinen wie Posen im Aktsaal, also Stellungen, die mit keiner gewöhnlichen Tätigkeit in Verbindung zu bringen sind, oft wie aufgestellt, in schöne Position gebracht, so, als ob sie stille hielten, damit der Künstler sie modellieren kann.

Schaue ich auf die Plastiken ganz junge Mädchen darstellend, frage ich mich, worauf es Jakob Wilhelm Fehrle dabei angekommen sein könnte (Abb. S. 9, 30, 31). Die Neutralität dieser Beispiele könnte in der Absicht fußen, das Ideale zu verwirklichen, gesteigert durch die Dimension des Unschuldigen, das die Essenz des Natürlichen beinhaltet. Ebenmäßig, nicht nach außen orientiert, knabenhaft, noch kein Frauenbild, das geläufige Aspekte männlicher Sicht beinhaltet.

Durch diesen generell auftauchenden idealisierenden Zug entziehen sich die Figuren voyeuristischen Aspekten und kennzeichnen Fehrle eher als einen diskreten Beobachter, dem nicht an der Entdeckung privater, intimer Qualitäten zu liegen scheint. Er bleibt dem schönen und ewig anziehenden Andersartigen – in der äußeren Erscheinungsform Frau – treu.

Auch in den Gesichtern drückt sich diese Idealisierungstendenz aus. Sie wirken aufgeräumt, selbst wenn sie nach innen schauen, eher neutral als fragend oder wartend, und nur selten im Bewusstsein, auch sinnliche Wesen zu sein.

Verfolge ich die Beobachtung der Idealisierung in formalem wie im inhaltlichen Sinne weiter, so scheinen mir auch jene mit wellenden Gewändern umgebenen Figuren der 20er Jahre wie Idealgestalten aus einer anderen Welt. Diese proportional überlängten Frauen empfinde ich als entindividualisiert, fast entweiblicht, in Form von engelsgleichen, wenig irdischen Figuren. Auch sie verkörpern sozusagen jene unbelastete, idealisierende Auffassung von Frau.

Fehrle hat in Berlin bei den Professoren Paul F. Meyerheim, Wilhelm Widemann und August Gaul studiert. Über Widemann schreibt er 1935: „Zwar hatte ich Gelegenheit, Akt nach der Natur zu modellieren und die Beziehung der Plastik zur Architektur begreifen zu lernen – aber alles, was ich dort entstehen sah, kam mir rückständig vor, und ich fühlte mich unverstanden mit meinen neuen Ideen".

Dann in München studierte er bei Balthasar Schmitt, worüber er ebenfalls selbst schreibt: „Bei Balthasar Schmitt modellierte ich Akt. Ein ganzes Semester quälte man sich mit der gleichen männlichen Figur ab; schließlich war nichts mehr daran zu tun als nachmittags den Bauch dicker zu modellieren, den man am Vormittag dünner gemacht hatte".[3]

Betrachtet man die Ausrichtung seiner Lehrer, so wird klar, dass das Aktstudium im Zentrum ihrer Lehre gestanden hat – von Gauls Impuls für die Tierplastik einmal abgesehen. Man kann nun verstehen, dass Fehrle auf dieser Basis einer ausdrücklich anatomischen Grundausbildung den zu seiner Zeit durchaus existierenden Verzerrungs- und Ausdruckstendenzen nicht folgt. Fehrle schreibt selbst in seinen biographischen Aufzeichnungen: „Um mich wieder frei zu machen, wandte ich mich immer rückhaltlosem Naturstudium zu. Es ist gefährlich, programmatisch zu werden."[4]

[2] Ebd. S.8.
[3] Siehe S. 14 Anm. 6.
[4] Ebd.

Mascha (Martha Agnes Freifrau von
Erffa), 1923, Zement, 44 cm H, Leihgabe
Atelier Fehrle

Porträt Charlotte Lochmüller (1908-1993),
1930, Bronze, 35 cm H, Museum im
Prediger

Mascha, um 1925, Zementguss,
Foto Archiv Museum im Prediger

o. T., um 1930, Kohlezeichnung, 57 cm H,
Leihgabe Atelier Fehrle

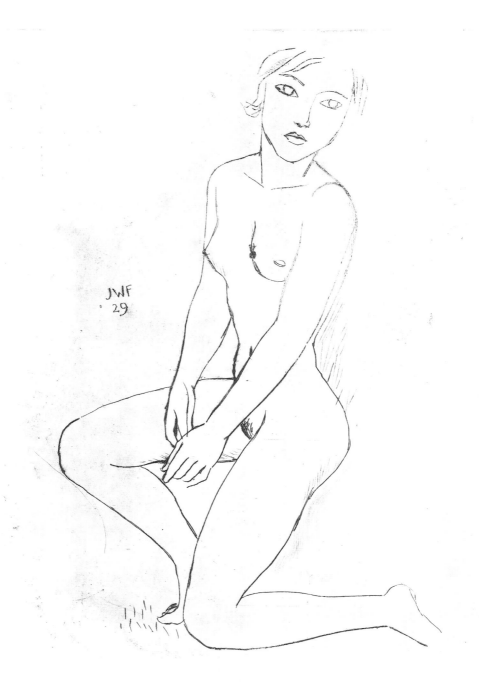

o. T., 1929, Radierung, 53 cm H,
Leihgabe Atelier Fehrle

o. T., 1926, Eichenholz, 103,5 cm H, Leihgabe Atelier Fehrle

Wenden wir uns den Zeitgenossen zu, mit denen er in der Pariser Zeit (1910-1914) Kontakt hatte, so treffen wir auf eine Gruppe Gleichgesinnter: Karl Albiker, Bernhard Hoetger, Gustav Kolbe, Edwin Scharff, Aristide Maillol, Wilhelm Lehmbruck. Allen ist gemeinsam, dass sie das Maß der menschlichen Figur in ihrer natürlichen Proportionierung im Wesentlichen beibe-

halten und so auch dem natürlichen Bild des Menschen verbunden bleiben. Nur mit vorsichtigen Akzenten, wie Überlängung zum Beispiel bei Lehmbruck, Albiker und Kolbe oder einer gewissen Blähung bei Maillol, nehmen sie Einfluss auf die Figur. Nehmen wir als Kontrast dagegen Pablo Picasso, Julio Gonzales, Constantin Brancusi und Umberto Boccioni, so wird uns durch deren ganz andersartiges Werk bewusst, auf welcher Breite sich die beginnende Moderne im damaligen Paris artikulierte.

In Fehrles Umgebung bemerken wir den Verzicht auf Deformation, Deproportionierung oder radikaler geometrischer Reduktion, ganz im Vertrauen darauf, dass sich Ausdruck und Absicht auch an der unbeschädigten Figur zeige.

In diesem Zusammenhang sollte Adolf von Hildebrand (1847-1921) Erwähnung finden. Er war einer der einflussreichsten Plastiker gegen Ende des 19. Jahrhunderts und wirkte somit auch auf Fehrle und seine Kollegen. In Beschreibungen seiner Intention wird von „innerer Größe seiner Bildwerke" gesprochen und die „reine Darstellung des Körperlichen" als Hildebrands einzige künstlerische Absicht genannt.[5]
Die zweite Hälfte des 19. Jahrhunderts, die Max Sauerlandt 1927 als Zeit „jahrzehntelanger handwerklicher und naturalistischer Verwilderung" bezeichnet, hatte sich in erheblichem Umfange in inhaltlichen und dekorativen Überfrachtungen der Gründerzeit ergangen. Diese Beobachtung erschien wohl auch den jüngeren Zeitgenossen als Entfernung vom Eigentlichen, und so wird Hildebrands Position für die nachkommende Generation attraktiv.
Fehrle bezichtigte die ihm namentlich in Berlin vermittelte Tendenz als „einen schon mehrmals aufgewärmten Klassizismus, dem keinerlei Entwicklungsmöglichkeit zugestanden wurde" und der auch Kaiser-Wilhelm-Gedächtnisstil genannt wurde.[6]
Die Hinwendung zu Hildebrands „reiner

Darstellung des Körperlichen, als der einzigen künstlerischen Absicht, dem einzigen künstlerischen Inhalt eines Werkes"[7] scheint als Besinnung auf „das Natürliche" verständlich und für eine ganze Reihe jüngerer Bildhauer – unter ihnen auch der junge Fehrle – anziehend.

Da jede Generation für sich in Anspruch nehmen möchte, zu Eigenem, vielleicht auch zu Neuem vorzudringen, bleibt es nicht aus, dass auch Fehrle und seine Zeitgenossen auf der Suche nach dem Eigentlichen zum „Körper-an-sich" finden und so das schon wertgeschätzte Vorbild der Antike und der Renaissanceplastik nicht aufgeben müssen. Sie alle nehmen vorsichtig Einfluss auf den gesehenen und studierten Körper, ohne jedoch gänzlich auf Ausdrucksdimensionen zu verzichten.

Es ist kaum vorstellbar, dass einer ganzen Gruppe von jungen Bildhauern im damaligen Paris Entwicklungen des Jugendstils, des Expressionismus, des Symbolismus, des italienischen Futurismus, des beginnenden Kubismus und anderer neuer Richtungen entgangen sein sollten. Vielmehr ist anzunehmen, dass das Bekenntnis zum „immergültigen Ideal der menschlichen Figur" bewusste Entscheidung und damit Grund für die Ausformung ihrer Werke war.
Das ist nicht gleichzusetzen mit Naturalismus, denn der Künstler – so Hildebrand – „ist nicht gebunden an die zufällige Konstellation der Natur, sondern vermag anstelle des Naturzufälligen eine für das Auge notwendige Bildkonstruktion zu setzen. Diese gestaltende Tätigkeit wird umso feiner sein, je mehr die Mittel scheinbar absichtslos und zufällig ihre Kraft äußern und mit der Unschuld der Natur auf den Beschauer wirken". Die Hinwendung zur „inneren Gesetzlichkeit bildnerischen Gestaltens"[8] wird hier ausgeübt im Sinne einer Idealisierung, die meint, auf diesem Wege zu „Reinheit und Größe"[9] zu gelangen. Dagegen wählte die oben bereits erwähnte Kontrastgruppe

ganz andere Ausdrucksmittel, nämlich die Proportionsverschiebung und Deformation des Körpers.

Fehrle bettet den Ausdruck seiner Figuren im Allgemein-Natürlichen der Erscheinung

[5] Max Sauerlandt: Deutsche Bildhauer um 1900, Königstein/Leipzig 1927, S.3.
[6] Fehrle 1935, a.a.O.
[7] Sauerlandt, a.a.O. S.3.
[8] Sauerlandt a.a.O. S.3.
[9] Eugen Schopf: Jakob Wilhelm Fehrle, Stuttgart 1947, S.VI.

Madonna, o. J., Eichenholz, 87 cm H, Leihgabe Atelier Fehrle

späten 20er Jahre (Abb. S. 31, 54), in denen ein höheres Maß an Geometrisierung plastischer Einzelformen erfolgt, und auch im Spätwerk, wo er stärker dem Ausgangsblock verpflichtet bleibt. Dazwischen, seit den 30er Jahren – unter Rückgriff auf Impulse durch Maillol in Form von prallen Volumina – erfolgt hin und wieder eine formale Straffung, indem die Oberflächen gespannter, die Volumen praller werden.

Hier scheint mir wichtig, Form und Oberfläche als zwei wichtige Kategorien des Plastischen zu definieren:
Eine Form ist sichtbar als Verlauf ihrer Kurven, als Längswölbung und als Querwölbung. Kurven haben einen Scheitelpunkt, häufig einen Pol, an dem sie die Richtung wechseln oder ihre Krümmung verändern. Die Oberfläche ist die äußere Haut der Form und wird häufig aus der Bearbeitungsspur oder deren Unterdrückung bis zur Beseitigung gewonnen. Je glatter eine Oberfläche ist, umso deutlicher zeigt sich die Form bzw. die Spannung der Form. Ist die Form klar – was nicht gleichbedeutend mit glatt ist – hält sie jede Oberfläche ohne Einbuße aus. Ist die Form unklar, kann die Oberfläche sie nicht verbessern, wirkt die Oberfläche wie ein Überzug.

Bei Jakob Wilhelm Fehrle finden wir häufig Oberflächen, die gleichmäßig über die ganze Figur gehen, ohne wesentliche Änderung des Duktus. Die Schläge des Hohleisens überziehen wie eine Hülle die Holzformen, der unruhige Modellierduktus im Ton wird bis in den Bronzeguss übertragen, so, dass die Angabe „Bronze" nicht immer an der Plastik sichtbar wird, denn die Figuren behalten das Charakteristikum des modellierten Tons. In den Steinplastiken belässt Fehrle die gesamte Oberfläche in einheitlichem Schlag. Der vielfach genutzte Steinguss übernimmt jede der modellierten Formen und Oberflächen und wird nach dem Guss nicht mehr bearbeitet.
Daraus schließe ich, dass die meisten der

ein; seine Lust an Ausgewogenheit ist kennzeichnend, und aus dem Kanon der natürlichen Formen brechen seine plastischen Ausformungen kaum aus. Die stärksten Tendenzen zum Verlassen des natürlichen Ebenmaßes sehe ich in einigen Figuren der

Gussmodelle für Bronze nicht in dem für den Metallguss klassischen Modelliermaterial Wachs ausgeführt wurden, sondern als Abformungen der jeweils aus anderem Material gefertigten Modelle entstanden sind. Das bedeutet, dass die Übersetzung ins gegossene Metall – von den wenigen nachbearbeiteten Figuren abgesehen – weitgehend ein rein technischer Vorgang war, den die Gießerei besorgt hat.

In einigen Werken in Bronze allerdings, jenen glatten, gespannten Leibern, finden wir die Ausnahme, dort war eine ausführliche Bearbeitung des Gusses notwendig (Abb. S. 54).

Oberflächenkontraste sind Fehrle scheinbar nicht so wichtig, lässt er die Oberflächen doch häufig kontinuierlich durchlaufen. Kontrastierungen innerhalb einer Figur von rauh gegen glatt, von gespannt gegen unruhig, sind offenbar für Fehrle wenig interessant, sonst hätte er diese gestalterische Dimension mehr genutzt.

Fehrle benutzte vielerlei Material: Holz, Bronze, Steinguss, Naturstein, Terrakotta, Gips, Zement usw., aber nur selten schöpft er die Möglichkeiten, die diese Materialen haben, für Kontraste innerhalb der Oberflächen aus.

Was also veranlasst Fehrle zu dieser Auffassung? Ich meine, dass die zeitgenössisch bedingte Suche nach etwas Eigentlichem, dass das Primat des Natürlich-Schönen seine spezifische Handhabung der Oberflächen bedingt: Nichts soll getan werden, um durch Oberflächenkontraste, wie glatt gegen rauh, gemeißelt gegen geschliffen usw. einer Figur mehr einzugeben und sie mehr zu individualisieren, als sie durch die Zuordnung ihrer elementaren plastischen Volumen zueinander zur Anschauung bringt. Fehrles Versuch, auf seine reduzierende, idealisierende Weise etwas Grundsätzliches darzustellen, geht soweit, dass die Figuren in ihren Posen der inneren Dynamik entbehren.

Wir erkennen Fehrles Werk nur unter Berücksichtigung zeitgenössischer Tendenzen, auf dem Hintergrund einer traditionell ausgerichteten Bildhauerausbildung und unter Annahme des Gedankens idealisierender Reduktion und Beibehaltung der natürlichen menschlichen Anatomie.

Dass Fehrles Frauen der 3oer und 4oer Jahre stilistische Merkmale jener Zeit aufweisen, liegt sicherlich zum einen an einem modischen äußerlichen Aspekt, wie der Frisur - mancher Lockenkopf ist nach der damaligen Frisurmode gebildet (Abb. S. 55). Den tieferen Grund für eine solche Zuordnung jedoch sehe ich in einer Gemeinsamkeit anderer Art. Sowohl der Auffassung, den natürlichen Körper zum Motiv zu wählen, als auch der Tendenz zur Idealisierung ist es zuzuschreiben, dass wir in den Figuren auch den Aspekt des gesunden Natürlichen sehen, wie z. B. in den Figuren der „Mutter mit Kind" und der „Diana" (Abb. S. 20, 65).

Indem im Dritten Reich das Gesunde ideologisierend zur rassischen und völkischen Eigenheit erklärt wurde, kommen sich hier zwei Auffassungen sehr nahe, die womöglich aus unterschiedlichen Ansätzen gestartet waren. Mit der Bevorzugung des Gesunden wird Maß gesetzt, gesund ist nur das Natürliche, das Normale, alles Andersartige wird zum Unnatürlichen, wörtlich zum Kranken erklärt; was als andersartig abweicht und offensichtlich nicht der Natur folgt, wird abgelehnt, wodurch die Natur als alleiniges Maß ideologisiert wird.

Jakob Wilhelm Fehrle und mit ihm einige seiner Zeitgenossen versuchen eine formale Idealisierung und Verallgemeinerung des Menschenbildes, das schließlich dann auch von der nationalsozialistischen Doktrin vereinnahmt wird. Was zunächst eine unter Umständen vertretbare Idealisierung des Natürlichen war, wird zur verbindlichen Ideologie.

Alles wird nach außen verlegt, alles wird offensichtlich, und die intendierte ideologische Tiefe rutscht ins leicht Ablesbare.

Madonna, 1922, Bronze, 70,5 cm H,
Leihgabe Atelier Fehrle

Jungfrau, 1913, Eichenholz, 81 cm H,
Leihgabe Atelier Fehrle

Sitzende, 1922, Zementguss, 79 cm H,
Museum im Prediger

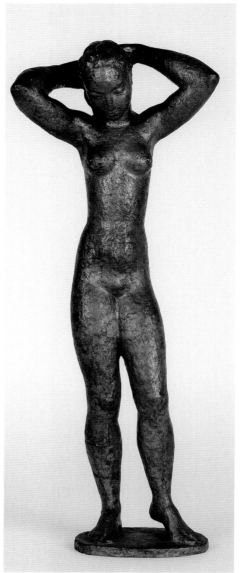

Dorothee, o. J., Bronze, 62 cm H,
Leihgabe Atelier Fehrle

Haarflechtende, 1919, Bronze, 48 cm H,
Leihgabe Atelier Fehrle

Badende, o. J., Zement, 84 cm H,
Leihgabe Atelier Fehrle

In dieser Auffassung werden Natur und Kunst gleichgesetzt, jedoch ist sich die Kultur als Kultur bewusst, die Natur als Natur aber nicht. Bei der nationalsozialistischen Vereinseitigung wird das Künstlerische, also das Kultürliche mit dem Maß des Natürlichen gemessen. Kultur – und damit die Kunst als eine ihrer Äußerungsformen – aber, ist genau das Gegenteil von Natur.

Für Fehrle bricht nach dem 2. Weltkrieg eine weitere Epoche seines Schaffens an, in der er in verschiedenen neuen Ansätzen das moderne Repertoir erprobt und zu einem breit gefächerten Spätwerk kommt, und so wird erst eine Gesamtsicht des Werkes und der Dokumente von Jakob Wilhelm Fehrle seine Position unter den Plastikern des süddeutschen Raumes verdeutlichen können.

Drei Grazien, 1924, Hartstuck, 82 cm H,
Leihgabe Weinreuter

o. T., 1926, Zement, 68 cm H,
Leihgabe Atelier Fehrle

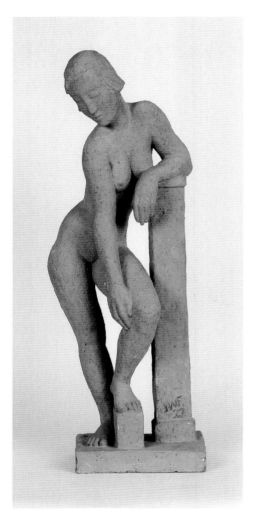

Angelehnt Stehende, 1927, Terrakotta,
68 cm H, Leihgabe Atelier Fehrle

Iphigenie, 1924, Terrakotta, 80 cm H,
Leihgabe Atelier Fehrle

Freundinnen, um 1950, Zement,
72,5 cm H, Leihgabe Atelier Fehrle

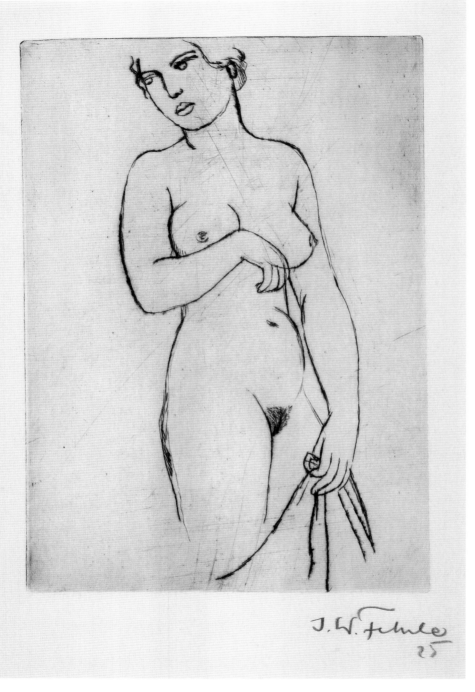

Stehende, 1925, Radierung, 30,5 cm H,
Museum im Prediger

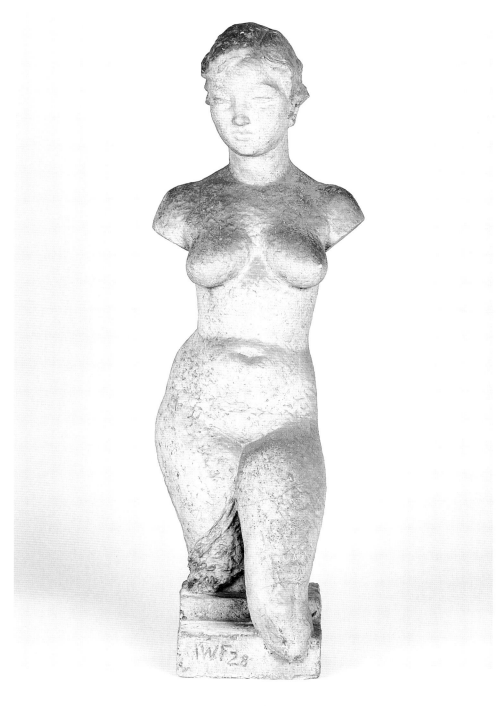

Akt Torso, 1928, Zement, 100 cm H,
Leihgabe Atelier Fehrle

Erwartung, 1951, Zement, 80 cm H,
Leihgabe Atelier Fehrle

Louise, 1912, Bronze, 70 cm H,
Museum im Prediger

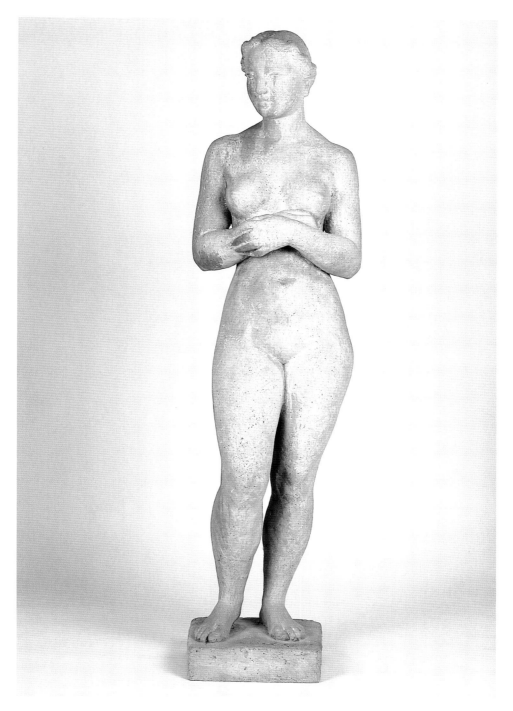

Stehende, 1917 (?), Zementguss,
136 cm H, Leihgabe Atelier Fehrle

Stehendes Mädchen, 1914 (Paris),
Bronze, 84 cm H, Leihgabe Atelier Fehrle

o. T., um 1943, Kohlezeichnung, Rötel,
47 cm H, Leihgabe Atelier Fehrle

Sitzender Torso, 1943, Bronze,
grün patiniert, 35 cm H, Leihgabe Atelier
Fehrle

Mein Vater
Jakob Wilhelm Fehrle
Cornelia Fehrle-Choms

„Der Bub hat Talent, Mutter Fehrle!" – diese Worte von Kommerzienrat Julius Erhard, der des öfteren der Gärtnerei meines Großvaters einen Besuch abstattete und bei dieser Gelegenheit einem aus toniger Erde geformten Kopf, der auf den Gartenzaun zum Trocknen gesteckt war, einen Taler in den Mund steckte: „Für den jungen Künstler", veranlassten meinen Vater, als kleines Kind bereits über die Möglichkeit eines Künstlerlebens nachzudenken. Schon früh zeichnete, malte und modellierte er und bearbeitete eine Sandsteinwand am Rande der elterlichen Gärtnerei.

Am 27. November 1884, als erstes von vier Kindern geboren, sollte er eigentlich Gärtner werden. Doch bereits in der Schule – er besuchte das Realgymnasium in Schwäbisch Gmünd, das spätere Parlergymnasium – karikierte er während des Unterrichts seine Lehrer oder zeichnete in der Geographie Szenen aus dem Unterricht. Da er ein relativ guter Schüler war, vielleicht auch, weil sie sein Talent erkannten, ließen ihn seine Lehrer im Allgemeinen gewähren. In Kommerzienrat Erhard fand er nach Beendigung der Schulzeit auch den Fürsprecher, der seinen Vater schließlich überzeugte, ihn doch zum Künstler ausbilden zu lassen. Zunächst aber musste er etwas „Anständiges" lernen, und da lag es nahe, ihn 1899 in die Erhard'sche Fabrik „Erhard und Söhne" in eine Lehre als Ziseleur zu stecken. Diese praktische handwerkliche Arbeit befähigte ihn, auch später mit allen Materialien geschickt umgehen zu können.
Morgens, abends und an den Wochenenden zog es ihn hinaus in die Natur, wo er unermüdlich aquarellierte und zeichnete. In dieser Zeit entstanden so eine Reihe von frühen Landschaftsaquarellen und

Naturstudien. Daneben existieren aus seiner Lehrzeit detaillierte Tuschezeichnungen von Werkmodellen und ziselierte Übungsstücke, die meistens noch vom ausgehenden Historismus geprägt sind. In einigen Arbeiten zeichnet sich aber auch schon der Einfluss des Jugendstils ab.

Prof. Wilhelm Widemann, ein gebürtiger Gmünder, sah bei seinen gelegentlichen Besuchen bei meinen Großeltern Arbeiten meines Vaters Jakob Wilhelm und erklärte sich bereit, ihn nach Beendigung der Lehre 1902 nach Berlin an die Akademie zu Paul. F. Meyerheim zu holen und ihn in seiner eigenen Werkstatt auszubilden. Mein Vater selbst schreibt über den Anfang des 20. Jahrhunderts: „Es war die Zeit, in der sich der Jugendstil entwickelte, man war erfüllt von dem stolzen Bewusstsein, dass man als Zeitgenosse berufen sei, eine neue Kunstrichtung zu schaffen. Wie dieser neue Stil beschaffen sein sollte, war recht unklar, es gab kaum Vorbilder. Einig war man sich jedenfalls, daß er anders sein müsse, als das, was man bisher gemacht hatte und daß man aufhören müsse, alte Stile nachzuahmen."

In Berlin, in der Werkstatt Widemanns, erlebte er allerdings eine Enttäuschung, dort war von der neuen Richtung nichts zu spüren. Prof. Widemann arbeitete an monumentalen Bronzeplastiken für den Reichstag, was meinen Vater sehr langweilte. So verbrachte er viel Zeit im Zoologischen Garten, wo er Tierplastiken modellierte und mit dem großen Tierbildhauer August Gaul zusammentraf, der sich seiner in einer natürlichen gütigen Art annahm. An der Akademie studierte er bei Prof. Virchow Anatomie. Gegen Ende des Jahres 1904 verließ mein Vater Berlin, um seine aktive einjährige Militärzeit abzudienen. Anschließend ging er nach München, wo er an der Akademie bei Balthasar Schmitt das Naturstudium fortsetzte, für ihn eine ebenfalls unbefriedigende Zeit, da die Studenten das ganze Semester an einem lebensgroßen

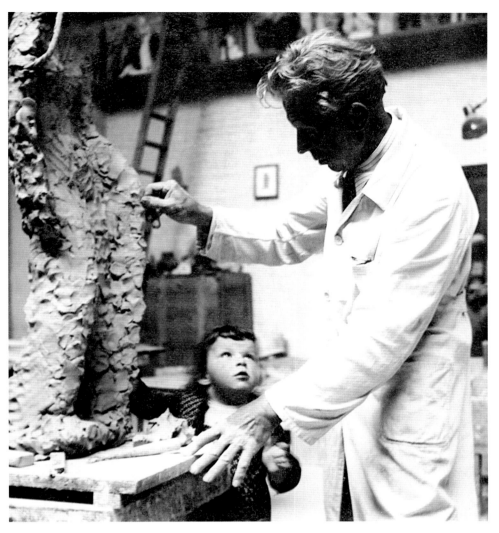

Jakob Wilhelm Fehrle mit Tochter
Cornelia im Atelier, Juni 1954, Foto Archiv
Familie Fehrle-Choms

Akt modellieren mussten. Er hatte aber damals bereits kleinere Aufträge, so war es ihm möglich, im Herbst 1909, noch unentschlossen, ob er Maler oder Bildhauer werden wollte, mit eigenen Mitteln nach Rom zu gehen. In einem alten verwilderten Park vor der Porta del Popolo mietete er sich ein idyllisches, aber primitives Atelier mit Blick über die Stadt. Aber so sehr ihn Rom durch seine Geschichte und Kunst begeisterte, so sehr empfand er die zeitgenössische Kunst im Traditionellen verhaftet. Es war die Begegnung mit Skulpturen des Schweizer Bildhauers Hermann Haller, der in Paris studiert hatte, die Jakob Wilhelm Fehrles Neugier auf die Kunstmetropole der Moderne weckten. So beschloss er, sein Studium in Paris fortzusetzen.

Seinen Eltern schreibt er um diese Zeit: „Ich will übrigens kein Maler werden, sondern möchte nur etwas davon verstehen. Ich neige ganz ernstlich zur Bildhauerei, nun bin ich mir um vieles klarer geworden, was ich zu tun habe." Nach einem halben Jahr in München, wo er mit seinem Freund Reinhold Nägele zusammen arbeitete, der von ihm hier die Radiertechnik erlernte, ermöglichte es ihm ein Mäzen, 1911 nach Paris zu gehen. Am Montparnasse mietete sich mein Vater ein Atelier. Aristide Maillol, der Wegbereiter der modernen Plastik, war das große Vorbild der jungen Künstler. Auguste Rodin, der Altmeister, wurde zwar beachtet, gehörte aber damals schon zu den Traditionalisten. Begegnungen mit anderen Künstlern wie Braque, Archipenko, Brancusi, Le Fauconnier, Picasso und Lehmbruck fanden statt und der Salon des Independentes war das große Erlebnis des Jahres. Später äußert er sich zu jener Zeit: „Mit offenen Sinnen stand ich in der atemlosen Entwicklung – aber die Grundlage meines Schaffens blieb doch die Natur, Lehmbruck, der damals als Einsamer in Paris lebte, bestärkte mich in meiner Auffassung." Der Kriegsausbruch kam für ihn überraschend, durch Zufall kam er noch aus Paris fort. Bis auf wenige

Ausnahmen blieben seine Arbeiten dort und gingen verloren.

Von 1914 bis 1918 war er Soldat an der Westfront, ausgerechnet gegen seine französischen Freunde musste er in den Vogesen, vor Verdun und in den Argonnen kämpfen. Trotzdem fand er als Stellungsbauoffizier immer wieder Zeit, während des Stellungskrieges im Unterstand zu arbeiten, selbst in Stein, und er überlegte sich manchmal, ob sie auf der anderen Seite wohl sein Hämmern hören und ihn als den Allemand vom Montparnasse erkennen würden. In den letzten Kriegstagen schreibt er an seinen Bruder Alfred: „Ich komme nun manchmal zu einer Arbeit und das bringt mich immer wieder ein bisschen über den Krieg hinweg – wenn ich nur wieder richtig arbeiten könnte!" Das Kriegsende 1918 erlebte er während eines Heimaturlaubs in Schwäbisch Gmünd und beschloss, sich hier eine Existenz aufzubauen und endlich seine Ideen zu verwirklichen.

1919 heiratete er Klara Maria Menrad, die er seit seiner Lehrzeit kannte. Er arbeitete zunächst in einem kleinen Atelier im Seitenflügel der elterlichen Gärtnerei und wohnte mit seiner ersten Frau in einem barocken Gartenhaus in der Nähe der Gärtnerei. 1920 erwarb er dann ein Grundstück am Südhang der Stadt, auf welchem er das heutige Atelier von Paul Schmitthenner erbauen ließ. Mein Vater nahm dann im Jahr 1927 einen Lehrauftrag der staatlich höheren Fachschule Schwäbisch Gmünd an, wo er 1928 zum Professor ernannt wurde. Aber bereits 1929 legte er seine Lehrtätigkeit wieder nieder, weil er sie mit seinen vielfältigen Aktivitäten nicht vereinbaren konnte. So war er zusammen mit seinem Freund Reinhold Nägele Gründungsmitglied der Stuttgarter Sezession, der auch seine Frau Klara Fehrle als erste naive Malerin Deutschlands angehörte. Weiterhin war er in der Künstlervereinigung „Der Kreis" am Bodensee aktiv. Die Zeit zwischen den Weltkriegen war für ihn eine sehr fruchtbare Zeit, die seinen Namen weit über Schwäbisch Gmünd hinaus bekannt werden ließ. Er ist in großen Sammlungen vertreten, wie z. B. in der bekannten Sammlung des Stuttgarters Hugo Borst. Zahlreiche Freundschaften mit bekannten Künstlern entstanden in diesen Jahren, wie z. B. mit Paul Mahringer, Peter Jakob Schober, Jakob Bräckle, Karl Stirner, Oskar Kokoschka, Otto Dünkelsbühler, Fritz von Graevenitz.

Er unternahm Studienreisen nach Italien, Ungarn, in die Schweiz, London und immer wieder nach Paris, um die Entwicklung neuer Kunstrichtungen zu verfolgen. Obwohl er so viele Anregungen erhielt und auch in seine Arbeit einfließen ließ, hat er sich aber hierdurch nicht von seinen eigenen Vorstellungen abbringen lassen.

Er arbeitete nun nicht mehr direkt nach dem Modell, sondern zwischen Natur und Plastik stand die Bildhauerzeichnung, die ihn letztendlich freier schaffen ließ. Auch sein Ruf als hervorragender Porträtist brachte ihm zahlreiche Aufträge. Unter seinen Porträtbüsten finden sich neben bekannten Persönlichkeiten auch zahlreiche Charakterköpfe von „kleinen Leuten" aus seiner Umgebung, die ihn allein durch ihre individuellen Ausprägungen faszinierten. So konnte es passieren, dass er fremde Personen auf der Straße ansprach und sie fragte, ob er sie porträtieren dürfe. Für ihn interessante Personen konnte er innerhalb weniger Stunden porträtieren.

Ein Rückschlag erfolgte 1937, als einige seiner Arbeiten in Museen, öffentlichen Gebäuden und Plätzen als entartet angesehen und entfernt oder vernichtet wurden. Auch litt seine Frau Klara an einer psychischen Erkrankung, die sie letztendlich zum Pflegefall werden ließ. Um weiterhin seine Vorstellungen umsetzen zu können, arbeitete mein Vater zunehmend für sich im Atelier und nahm nur gelegentlich private und öffentliche Auftragsarbeiten an.

Aufgrund dieser Auftragsarbeiten in der Zeit von 1933 bis 1945 wurde und wird immer wieder versucht, meinen Vater als nationalsozialistisch, ideologisch geprägten Bildhauer darzustellen. Oft wird dabei diese Zeit und die Einflüsse der nationalsozialistischen Kunstauffassung bewusst oder unbewusst überbewertet im Vergleich zu seinen Werken aus den 24 Jahren vor und 28 Jahren nach dem Dritten Reich.

Eine überwiegend realistisch und idealisierend natürliche Ausprägung charakterisierten seine Skulpturen bereits zu Beginn der 20er Jahre. Damit entwickelte sich die künstlerische Auffassung meines Vaters in ihrer äußeren Form zwar parallel zur Kunstauffassung der Nationalsozialisten, allerdings auf einer grundsätzlich unterschiedlichen Entwicklung und Absicht. Im Gegensatz zu Fehrle begründet sich die nationalsozialistische Auffassung in der Darstellung des Natürlichen als Ausdruck einer Ideologie des „Gesunden" im Sinne eines rassistisch-völkischen Gedankenguts.

Bei der Umsetzung der öffentlichen Auftragsarbeiten in dieser Zeit hat meinen Vater sicherlich nicht eine nationalsozialistische Überzeugung geleitet. Zeit seines Lebens verfolgte er stets die Maxime, keinerlei Ideologie zu folgen, weder künstlerisch noch politisch. Man mag meinem Vater zum Vorwurf machen, dass er sich für die nationalsozialistische Ideologie einspannen ließ, allerdings gewann er aber so die Unabhängigkeit, neben den Auftragsarbeiten seine künstlerische Auffassung weiterhin zu verwirklichen. Daher erklärt sich auch der Widerspruch, dass ein Teil seiner Werke – die er zum Teil auch noch parallel zu seinen Auftragsarbeiten nach 1933 fertigte – 1937 als entartete Kunst aus öffentlichen Sammlungen entfernt wurde. Fehrle als einen nationalsozialistisch ideologisierten Bildhauer darzustellen, wird weder seiner Person noch seinem künstlerischen Lebenswerk gerecht.

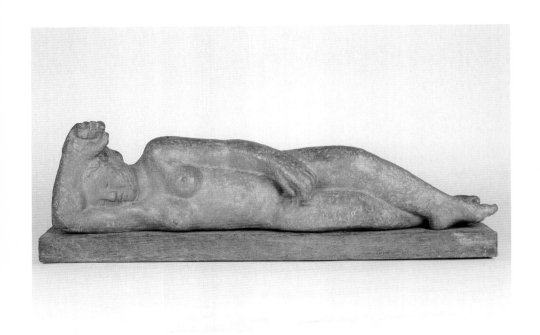

Liegende, 1933, Roter Zement,
81 cm lang, Leihgabe Atelier Fehrle

Sitzende, 1913 (Rom), Terrakotta,
28 cm H, Leihgabe Atelier Fehrle

Liegende, um 1960, Solnhofener
Plattenkalk, 44 cm lang, Leihgabe Atelier
Fehrle

Nach dem Tode von Klara Fehrle heiratete mein Vater 1955 seine zweite Frau, meine Mutter Emma Lisette Margret Monstadt. Er arbeitete nunmehr in Stein, besonders mit Alabaster, den er selbst in den Steinbrüchen von Volterra aussuchte; auch der so genannte „Remstalalabaster" hatte es ihm angetan. Daneben setzte er sich auch immer wieder mit neuen Materialien und Kunstrichtungen auseinander. So reizte meinen Vater für kurze Zeit der gerade neu aufgekommene Werkstoff Styropor, um abstrakte Formen darzustellen.

Sein ursprünglicher Zwiespalt, sich zwischen Malerei und Bildhauerei zu entscheiden, führte in seinem Spätwerk dazu, immer wieder zu versuchen, Farbe und Form zu kombinieren. So entstanden seine so genannten „Formbilder" – kolorierte Reliefs, in denen sich räumliche Strukturen und Farbflächen überschnitten. Auch begeisterte ihn die farbliche Veränderung von Terrakotten, die diese in verschiedenen Galvanikbädern der Firma Erhard & Söhne erlebten. Eine herausragende Arbeit des Spätwerks ist seine überlebensgroße, aus einem Eichenstamm

Mädchen am Strand, 1942,
Posidonienschiefer, 48,4 cm lang,
Museum im Prediger

gehauene Madonna, die mit ihrer frühgo-
tisch meditativen Ausstrahlung wieder an
seine frühen Arbeiten anknüpft.

Auf Grund des großen Altersunterschieds
zwischen meinem Vater und mir verbrachte
ich nur die letzten zwei Jahrzehnte seines
Lebens mit ihm gemeinsam, die geprägt
waren von einer sehr innigen Vater-Toch-
ter-Beziehung. Als Kind hielt ich mich
sehr oft im Atelier auf und beobachtete
ihn bei seiner Arbeit. Von früh morgens bis
spät abends arbeitete er dort mit wenigen

Unterbrechungen, um sich dann nach Feier-
abend mit Kunstliteratur und Zeichnen zu
beschäftigen. Mein Vater war ein ruhiger,
besonnener, humorvoller Mensch, den seine
künstlerische Tätigkeit nie ruhen ließ.

JWF. 42

o. T., 1942, Kohlezeichnung, 48,3 cm B,
Leihgabe Atelier Fehrle

Diana, 1941/42, Bronze, 190 cm lang,
Foto Inge Schlenker

Literatur

Das Stadttheater in Heilbronn, Leipzig 1913, S. 85-116, Sonderdruck aus: Der Profanbau

Julius Baum: Jakob Wilhelm Fehrle, in: Die Kunst für Alle, Bd. XXXVIII, Oktober 1922
Hermann Erhard: Jakob Wilhelm Fehrle, in: Walter Klein: Gmünder Kunst Bd. IV, Gmünder Kunst der Gegenwart, Stuttgart 1924, S. 1-22
Max Sauerlandt: Deutsche Bildhauer um 1900, Königstein/Leipzig 1927
Erich Dürr: Wilhelm Fehrle-Gmünd, in: Das Kunstblatt, 1927, S. 54
Hermann Erhard: Kunst an Schwenninger Zweckbauten. Der Kienzlebrunnen, in: Heimatblätter vom oberen Neckar, Februar 1929

Sammlung Hugo Borst. Neue Kunst in Stuttgarter Privatbesitz, Stuttgart 1931
Eugen Schopf: Der Bildhauer Jakob Wilhelm Fehrle, in: Württemberg. Monatsschrift im Dienste von Volk und Heimat, Bd. 4, 1932, S. 169 ff.
Nachlass Fehrle, Jakob Wilhelm Fehrle: Vom Jugendstil zum Expressionismus, unveröffentlichtes 20-seitiges Manuskript o. J. (1934)
Jakob Wilhelm Fehrle: Der Bildhauer J. W. Fehrle über sich selbst, in: Das Innere Reich, Zeitschrift für Dichtung, Kunst und deutsches Leben, hg. von Paul Alverdes und Karl Benno von Mechow, München, 2. Jg., 1. Halbjahresband, April - September 1935, S. 287-292 mit Abb.
Köpfe. Aus der Sammlung Hugo und Martha Borst in Stuttgart, 1938, Taf. I – IV, VI, XII

Fünf Kataloge: Große Deutsche Kunstausstellung im Haus der Deutschen Kunst zu München 1939, Nr. 235-237; 1940, Nr. 279, Taf. 62; 1941, Nr. 252 u. 253; 1942,

Nr. 261-264; 1943, Nr. 206 u. 207 (Abb.)
Eugen Schopf: Jakob Wilhelm Fehrle, Stuttgart 1947

Julius Baum: Das 20. Jahrhundert, in: Die schwäbische Kunst im 19. und 20. Jahrhundert, Stuttgart 1952, S. 181-182, Abb. 68

Otto Rombach: J. W. Fehrle. Das Werk des Bildhauers, Stuttgart 1966
J. W. Fehrle, Plastiken, Zeichnungen, Städtische Galerie Schloss Oberhausen 1967

Jakob Wilhelm Fehrle. Bildhauer 1884 - 1974, Begleitschrift zur Ausstellung des Städtischen Museums Schwäbisch Gmünd im Prediger, Schwäbisch Gmünd 1974

Gert K. Nagel: Fehrle, in: Schwäbisches Künstlerlexikon, München 1986, S. 40, Abb. S. 280
Kunst und Kunsthandwerk im Städtischen Museum Schwäbisch Gmünd, Stuttgart 1987
Stuttgarter Sezession. Ausstellungen 1923-1932, 1947, hg. von der Städtischen Galerie Böblingen und der Galerie Schlichtenmaier Grafenau, Böblingen, Grafenau 1987
Bildzyklen. Zeugnisse verfemter Kunst in Deutschland 1933-1945, hg. von der Staatsgalerie Stuttgart, Stuttgart 1987
Günter Wirth: Verbotene Kunst. Verfolgte Künstler im deutschen Südwesten, Stuttgart 1987

Jörg Becker: Selbstbildnisse aus der Sammlung Hugo Borst, Stuttgart 1992
Mortimer G. Davidson: Kunst in Deutschland 1933-1945, Bd. I, Skulpturen, Tübingen 1992, S. 438
Konrad Plieninger: Botschaft in Stein, in: Göppingen unterm Hakenkreuz, Veröffentlichungen des Stadtarchivs

Göppingen Bd. 32, 1994, S. 109 ff.
Gärtnerei Fehrle, in: Theo Zanek,
Gmünder Häuser und Geschichten Bd. II,
Schwäbisch Gmünd 1998, S. 197 ff.

Kunst in der Borstei, Faltblatt, hg.
von Gertraud Line-Borst, München 2000
Andreas Henn (Hrsg.): J. W. Fehrle 1884–
1974. Skulpturen. Malerei – Graphik,
Stuttgart 2001
Edith Neumann: Fehrle, in:
Allgemeines Künstler-Lexikon K. G. Saur
Bd. 37, München/Leipzig 2003, S. 501ff.
Wolfgang Voigt, Hartmut Frank (Hrsg.):
Paul Schmitthenner 1884–1972, Tübingen,
Berlin 2003, Nr. 22
Reinhold Nägele (1884–1972). Werkschau
zum 120. Geburtstag. Ausstellungskatalog
Städtische Galerie Böblingen, Böblingen
2005

Stadtarchiv Schwäbisch Gmünd,
Familienregister Bd. 7, Blatt 254872;
Gemeinderatsprotokoll, 1889–1890;
Bürgerliste, Nr. 3103

Evangelische Kirchengemeinde Plieningen,
Tauf-Register, 1844–1870, Eintrag vom 26.
11. 1856

Hauptstaatsarchiv Stuttgart, Bestand Q3/
39b Bü 312, Akten des Verbandes bildender
Künstler Württemberg

Remszeitung 30. 5. 1908; 18. 11. 1922; 28.
7. 1923; 12. 7. 1928; 20. 7. 1928; 24. 12.
1928; 8. 4. 1930; 11. 6. 1930; 28. 8. 1930; 25.
10. 1932; 2. 5. 1933; 5. 8. 1933; 24. 11. 1934;
7. 6. 1935; 7. 11. 1935; 9. 11. 1935; 11. 11.
1935; 18. 3. 1936; 28. 9. 1966; 11. 12. 1971

Schwäbische Rundschau 10. 8. 1939; 8. 6.
1940; 14. 6. 1941; 5. 7. 1941; 30. 8. 1941;
7. 10. 1941; 22. 10. 1941; 27. 6. 1942; 28. 8.
1942; 21. 5. 1943; 1. 2. 1944; 15. 4. 1944; 25.
11. 1944; 29. 11. 1944

Gmünder Tagespost 15. 3. 1972; 25. 2. 1974

einhorn. Illustrierte Zeitschrift zur Pflege
des Heimatgedankens in Stadt und Kreis
Schwäbisch Gmünd, Einhorn-Verlag
Schwäbisch Gmünd, 1, Okt. 1953, S. 10 ff;
8, Dez. 1954, S. 323–324; 29, Juni 1958, S.
97–98; 44, Dez. 1960, S. 426–427; 49, Okt.
1961, S. 288; 55, Okt. 1964, S.255–259; 78;
einhorn, Illustrierte Heimat- und Kulturzeitschrift für Stadt und Kreis Schwäbisch
Gmünd, Einhorn-Verlag Schwäbisch
Gmünd, 78, Dez. 1966, S. 404–405; 89, Okt.
1968, S. 296–297; 96, Dez. 1969, S. 364–365

einhorn Jahrbuch Schwäbisch Gmünd,
Einhorn-Verlag Schwäbisch Gmünd, 1974,
S. 102–112; 1983, S. 27; 1984, S. 42, S. 105;
1997, S. 35

Selbstbildnis, 1947/54, Bronze, 38 cm H,
Leihgabe Atelier Fehrle

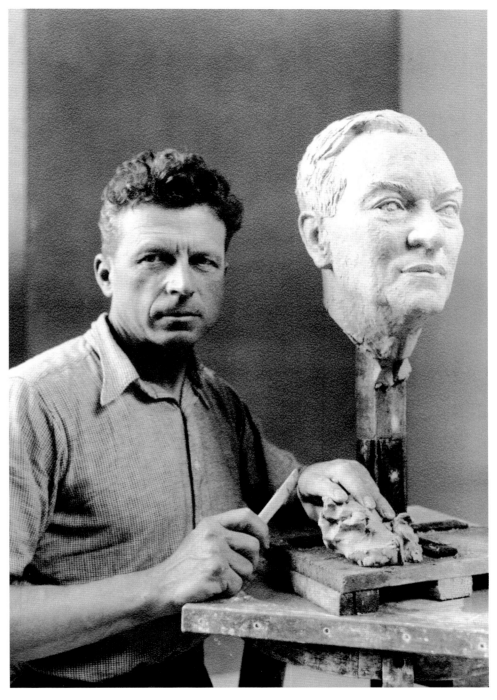

Jakob Wilhelm Fehrle im Atelier,
um 1945/47, Foto Archiv Familie
Fehrle-Choms

Mit freundlicher Unterstützung durch

Kreissparkasse Ostalb
VGW Schwäbisch Gmünd
Dietenberger-Stiftung Schwäbisch Gmünd
cross media GmbH
Gaiser – Zentrum für Druck & Digitale Dienste
XWOMM Multimedia und Lernsoftware

Impressum

Katalog
Cornelia Fehrle-Choms
Joachim Haller
Steffen Thiel
Monika Boosen
Gabriele Holthuis
Yvonne Müllener

Fotografien
Thomas Simmler
Archiv Familie Fehrle-Choms
Archiv Museum im Prediger

Reproduktion
cross media GmbH

Druck
Gaiser – Zentrum für Druck & Digitale Dienste

Schwäbisch Gmünd
Museum im Prediger